Sigrid Nesterenk

Das Kochbuch zur Darmsanierung

190 leckere Rezepte für einen gesunden Darm- Bei Candida, Reizdarm, Verstopfung, Blähungen, Allergien, Müdigkeit

Rainer Bloch Verlag

Das Kochbuch zur Darmsanierung
190 leckere Rezepte für einen gesunden Darm- Bei Candida, Reizdarm, Verstopfung, Blähungen, Allergien, Müdigkeit

Sigrid Nesterenko
1.Auflage 2019 Rainer Bloch Verlag
www.bloch-verlag.de
ISBN 978-3-942179-28-7
Paperback DIN-A5
Umschlagfoto AdobeStock_236914321,
AdobeStock_236914321-CMYK

Druck: SOL-Service GmbH, Westendstraße 5, 86529 Schrobenhausen

Impressum: Rainer Bloch Verlag, Schwetzinger Str. 4, D - 69469 Weinheim, buch@bloch-verlag.de

Inhaltsverzeichnis

Vorwort

Ernährung ist alles, wenn es um eine gesunde Darmflora geht.

Man kann noch so viele sinnvoll erscheinende Therapiemaßnahmen ergreifen, um eine ins Ungleichgewicht geratene Darmflora oder einen Candidapilz im Darm zu besänftigen – solange die Ernährungsweise nicht entsprechend angepasst wird, muss man in der Regel lange und vergeblich auf den erhofften Erfolg warten.

Gesundheitsschädliche Darmbakterien lieben es geradezu, wenn sie die heute übliche „Fastfoodkost" vorgesetzt bekommt, die mit viel Zucker und Konservierungsmitteln angereichert ist, infolgedessen sie sich explosionsartig vermehren können und ihre Gegenspieler, die gesundheitsfördernden Darmbakterien somit immer mehr zurückdrängen.

Nicht verwunderlich also, dass im Umkehrschluss mit einer gezielten Ernährungsweise die Darmgesundheit sehr effektiv gefördert werden kann. Keine andere Maßnahme bietet bei einer Darmdysbiose und einer Candidainfektion einen durchschlagenderen und anhaltenden Erfolg wie eine entsprechende Ernährung.

Den meisten Menschen jedoch ist gar nicht bewusst, welch Schaden sie sich mit ihrer ungesunden Ernährung eigentlich zufügen. Sie machen sich zumeist keine Gedanken darüber, was da genau drin steckt, in den jeweiligen Lebensmitteln, die sie Tag für Tag in sich hineinstopfen. Da wird eher hinterfragt, ob das Benzin für das Auto das richtige ist oder ob man nicht doch lieber das Benzin für 5 Cent mehr tanken solle als dass man sich im Supermarkt die Frage stellt, was für einen nährstofflosen Lebensmittelhaufen man da eigentlich gerade an der Kasse bezahlt.

Zugegeben - eine Ernährungsumstellung klingt nicht wirklich wie etwas, das man gerne macht und auf das man sich mit großer Freude stürzen würde. Eher das Gegenteil ist dann der Fall, wenn der Therapeut mit einigen Ernährungsvorschlägen um die Ecke kommt. Sogar als eine Bedrohung wird sie manches Mal empfunden, die Ernährungsumstellung, die da von einem mit erhobenem Zeigefinger erwartet wird.

Da hat man doch schon einige Jahrzehnte lang seine Pfade reichlich festgetreten und hat Gewohnheiten einschleifen lassen. Und die soll man plötzlich verlassen? Raus aus der Komfortzone? Verabschieden von den Lieblingsspeisen? Nie mehr Fast Food, Schokolade oder Gummibärchen?

Aber woher soll man wissen, was der Darmflora nun zuträglich ist und wovon man besser die Finger lassen sollte. Wer weiß denn schon, über welche

Lebensmittel sich die schädlichen Darmbakterien freuen und eine Party im Bauch veranstalten, die man als Hausherr in Form von Blähungen und Pupsen aushalten und dulden muss wie den Krach von einem unliebsamen Nachbarn, der mal wieder rücksichtslos herumpoltert.

Oder woher soll man wissen, dass es umgekehrt auch Nahrungsmittel gibt, mit denen man genau diese unliebsamen Darmbakterien in ihre Schranken weisen kann und sich dadurch die Darmflora wieder regeneriert?

Allein dies lässt erahnen, wie spannend das Gebiet der Ernährung in Wirklichkeit ist, und wie sehr man es mit seiner eigenen Ernährungsweise selbst in der Hand hat, seine Darmgesundheit zu beeinflussen – und zwar positiv und negativ.

Wer sich erstmalig mit dem großen Thema Ernährung beschäftigt, fühlt sich allerdings schnell überfordert. Am Ende bleiben womöglich sogar mehr Fragen als Antworten.

Was gibt es da alles zu beachten? Wo ist der Anfang und womit hört es auf? Wie aufwändig ist die neue Ernährungsweise? Ist sie mit dem persönlichen Alltag zu vereinbaren oder kommt man aus der Küche gar nicht mehr heraus? Ist es möglich, die Ernährung auf das Familienleben abzustimmen? Und was ist im Berufsalltag? In der Mittagspause oder unterwegs? Und schmeckt das alles überhaupt, was ab jetzt auf dem Zettel steht? Hat man überhaupt noch Lust zum Essen oder hat man den „Papp" schon vorher auf, weil die Lust am Essen schon im Kochtopf versinkt?

Keine Frage - seine liebgewonnenen Ernährungsgewohnheiten gibt niemand gerne freiwillig auf. Und gerade am Anfang fragt man sich, wie lange man „das eigentlich aushalten soll". Man fühlt sich mitten ins Herz getroffen, als ob einem ein Teil der Lebensgeister genommen würde – obwohl es hier ja eigentlich nur um Lebensmittel und nichts Lebensbedrohliches geht.

Genau genommen geht es ja nur darum, den Kampf gegen das liebgewonnene Gewohnheitstier aufzunehmen. Ist der Anfang gemacht, und hat der Kampf erstmal an Fahrt aufgenommen, dann merkt man plötzlich gar nicht mehr, dass man sich schon längst an die neuen Gewohnheiten gewöhnt hat. Der zuvor als „heller Wahnsinn" empfundene Vorschlag, die Ernährung auf darmflorafreundlich umzustellen, wird vom ganz normalen Alltag abgelöst.

So wird es eines Tages ganz normal sein, dass man nicht mehr wahllos beim Bäcker die in Puderzucker triefenden Teilchen kauft oder beim Tanken noch schnell einen Schokoriegel oder ein Eis am Stiel in die Tasche steckt.

Es wird sich irgendwann auch nicht mehr exotisch anfühlen, wenn man im Reformhaus oder Bio-Supermarkt seine Runden dreht und immer seltener bei Aldi und Co aufschlägt.

Das Leben mit einer Ernährungsweise, mit der sich die Darmgesundheit sehr günstig selbst beeinflussen lässt, bedeutet ja keinen grundsätzlichen Verzicht auf leckeres Essen. Die Leckereien sind jetzt nur andere als zuvor. So wird es auch für Sie eines Tages ganz normal sein, anstatt Zucker gesündere Süßungsvarianten zu verwenden, allen voran Stevia und später auch ein bisschen Honig oder Reissirup. Und auch das übliche tägliche Stück Fleisch werden Sie irgendwann nicht mehr vermissen, weil sich Ihr Gewohnheitstier längst mit den vielen leckeren vegetarischen Gerichten angefreundet hat.

Neben dem Verzicht auf Zucker legt dieses Kochbuch großen Wert auf die Verwendung von hochwertigen Nährstoffen. So sind bei zahlreichen Gerichten mit Bedacht ausgewählte wertvolle Zutaten enthalten, die mit einer Extraportion an essentiellen Nährstoffen aufwarten, die der Darmgesundheit besonders zuträglich sind. Hierzu gehören beispielsweise Joghurt, Dickmilch, Knoblauch, Curcuma, Moringa, Gerstengras, Spirulinaalgen, chlorophyllhaltige Lebensmittel, Oliven- und Sesamöl sowie fermentierte Lebensmittel wie Sauerkraut, Tempeh, Kimchi und Brottrunk.

Schon allein diese Vielfalt lässt erahnen, dass sich die Ernährung bei einer Darmsanierung nicht wie eine Diät anfühlen muss. Mit ein bisschen Ideenreichtum sind im Handumdrehen abwechslungsreiche Rezepte möglich, die ganz zufällig nicht nur äußerst gesundheitsförderlich sind, sondern auch noch richtig köstlich schmecken.

Wie dies gelingt und Ihr neues leckeres Leben aussehen kann, erfahren Sie in diesem Kochbuch. Stöbern Sie durch die 190 spannenden Rezepte die Sie ohne großen zeitlichen Aufwand und umfangreiche Vorkenntnisse in ihr Leben zaubern können.

Dieses Kochbuch hat für jede Gelegenheit und Kochlust etwas Passendes parat, sei es für Ihre Alltagsküche, für besondere Esslaunen, bestimmte Jahresszeiten oder für Überraschungsbesuch. Eine darmfloragesunde Ernährung ist also alles andere als langweilig und besteht nicht nur aus Haferschleim und Pfefferminztee.

Ich wünsche Ihnen von Herzen guten Appetit und viel Freude beim Kochen und Genießen!

Sigrid Nesterenko

25 Tipps für Ihre erfolgreiche Darmsanierung

1. Der Anteil von frischem, saisonalem Gemüse sollte möglichst hoch sein. Gemüse bildet die Grundlage einer darmgesunden und basenüberschüssigen Ernährung.

2. Frisches Gemüse verfügt über hochwertige Vitalstoffe, den Pflanzenfarbstoff Chlorophyll und Ballaststoffe. All diese Inhaltsstoffe tragen zu einer gesunden Darmflora bei.

3. Bei einer Darmsanierung leisten Ballaststoffe in mehrfacher Hinsicht wertvolle Dienste. Indem sie Wasser binden, vergrößert sich das Stuhlvolumen, so dass durch die hieraus resultierende Anregung der Darmmuskeln eine regelmäßigere Stuhlentleerung erfolgt. Ballaststoffe fördern aber nicht nur die Verdauung, sondern sie zählen zu der wichtigsten Nahrungsquelle für die gesundheitsfördernden Darmbakterien.

4. Über einen besonders hohen Gehalt der wertvollen Nährstoffe verfügen grüne Smoothies und frisch gepresste Gemüsesäfte.

5. Für eine erfolgreiche Darmsanierung ist die Vermeidung von Blähungen und Gärungen unverzichtbar. Beobachten Sie Ihre Verdauung einschließlich der Darmgeräusche und Gerüche. Sie geben wichtige Hinweise auf Fehlfunktionen des Verdauungsprozesses. Stark riechende Blähungen weisen auf eine Eiweißfäulnis im Darm hin, in diesem Fall sollte die Eiweißzufuhr reduziert werden.

6. Die Tageszeit spielt beim Verzehr der Lebensmittel eine wichtige Rolle und hat großen Einfluss auf die Entstehung von Gärungsprozessen. Verzehren Sie morgens auf nüchternen Magen keine Rohkost. Wenn Sie Obst essen dann sollte dies tagsüber und nicht abends erfolgen um Gärungen möglichst zu verhindern. Gedünstetes Obst, Gemüse und Getreide ist wesentlich verträglicher insbesondere in Bezug auf Gärungen. Essen Sie abends möglichst kleine Mahlzeiten, um den Darm nachts zu entlasten.

7. Harte Rohkost führt zu weniger Gärung als weiche Rohkost wie Salat. Beobachten Sie hier Ihre **persönlichen** Verträglichkeiten. Wenn Sie beispielsweise wider Erwarten Salat besser vertragen als harte Rohkost, dann geben Sie dem Salat den Vorzug.

8. Obst führt schnell zu Gärungsprozessen und sollte daher nur in Maßen gegessen werden, insbesondere jenes, das viel Fruchtzucker enthält. Wenn Darmpilze vorliegen, sollte sogar möglichst ganz auf süßes Obst verzichtet werden. Obst wird aus diesem Grund in diesem Kochbuch nur sehr wenig verwendet.

9. Es gibt viele Ratschläge von Ernährungsexperten, wie man sich bei einer Darmsanierung und/oder Candida-Infektion ernähren sollte. Allgemeine Ernährungsempfehlungen berücksichtigen in der Regel jedoch nicht, dass viele Menschen von Lebensmittelallergien und– intoleranzen betroffen sind. Insofern sind derartige Empfehlungen immer mit einer gewissen Einschränkung zu sehen. Damit Ihre Darmsanierung von Erfolg gekrönt werden kann, berücksichtigen Sie unbedingt Ihre persönlichen Verträglichkeiten und Unverträglichkeiten sowie Ihre individuellen Toleranzgrenzen. Vielfach macht die Menge das Gift, sodass viele Lebensmittel zwar in kleineren Mengen verträglich sind, in größeren Mengen jedoch zu Problemen führen.

10. Sorgen Sie für eine optimale Verdauung, indem Sie Ihre Ernährung mit Bitterstoffen anreichern. Bitterstoffe sind insbesondere in Chicorée, Löwenzahn und Endiviensalat enthalten.

11. Das Klebereiweiß Gluten, das in den meisten Getreidesorten enthalten ist, wie beispielsweise in Weizen, Roggen, Hafer, Kamut und Dinkel, steht zunehmend im Verdacht, sich ungünstig auf die Gesundheit und insbesondere die Darmflora auszuwirken. Für eine erfolgreiche Darmsanierung empfehlen immer mehr Experten auf glutenhaltige Lebensmittel zu verzichten oder diese zumindest einzuschränken. Verzehren Sie stattdessen glutenfreies Getreide wie Quinoa, Amaranth, Hirse, Mais, Buchweizen und Reis. Die meisten Rezepte in diesem Kochbuch sind glutenfrei oder enthalten nur geringe Mengen.

12. Rohes fermentiertes Gemüse wie z. B. Sauerkraut enthält darmflorafördernde Milchsäurebakterien und ist somit eine äußerst wertvolle Bereicherung für eine erfolgreiche Darmsanierung. Da durch den Verzehr leicht Gärungsprozesse auftreten können, sollten Sie zunächst mit kleinen Mengen beginnen, um Ihre persönliche Toleranzgrenze herauszufinden. Es geht hier auch nicht um den Verzehr großer Mengen, sondern vielmehr um eine tägliche kleine Portion, mit der man seine Gerichte anreichert. Personen mit einer Histaminintoleranz vertragen fermentierte Lebensmittel nicht und müssen auf andere darmfloraföردernde Maßnahmen ausweichen.

13. Der regelmäßige tägliche Verzehr von Brottrunk ist eine sehr effektive Begleitmaßnahme der Darmsanierung. Bei vielen Therapeuten und einigen Kliniken ist Brottrunk inzwischen fester Bestandteil bei der Sanierung der Darmflora. Brottrunk ist ein milchsaures Getränk, das physiologisch wirksame Milchsäure, Buttersäure und eine sehr vielfältige Mikroflora, zu der auch die Laktobazillen gehören, enthält. Jeder Milliliter Brottrunk verfügt über mehrere Millionen Brotgetreidesäurebakterien. Personen mit einer Histaminintoleranz vertragen Brottrunk leider nicht und müssen auf andere darmfloraföردernde Maßnahmen ausweichen.

14. Werden Sie kreativ, und bereichern Sie Ihre täglichen Speisen mit Nahrungsergänzungen, die förderlich für die Darmgesundheit sind wie insbesondere Gerstengras, Curcuma, Spirulinaalgen und Moringa. All diese hochwertigen Nährstoffe sind als Pulver erhältlich, das man sehr einfach in zahlreiche Rezepte integrieren kann. Sei es, dass man das dies über einen angerichteten Salat oder eine Suppe streut oder in ein Smoothie, einen Joghurt oder eine Suppe einrührt.

15. Verzichten Sie auf die „Hauptfeinde" der Darmflora, zu denen insbesondere Zucker und Alkohol gehören. Sie sind die idealen Nährstofflieferanten für die unliebsamen und schädlichen Bakterien. Der Candida-Hefepilz explodiert geradezu, wenn er mit Zucker und Alkohol versorgt wird. Schon kleinste Mengen Zucker reichen aus, um sein Überleben zu sichern und eine explosionsartige Vermehrung auszulösen. Alles, was Zucker enthält, sollte für die Dauer der Darmsanierung, und möglichst noch eine lange Zeit darüber hinaus, vermieden werden. Hierzu gehören unter anderem Kuchen, Kekse, Süßigkeiten aller Art, süße Getränke und Fertiggerichte mit verstecktem Zucker.

16. Bei einer Candida-Infektion ist es empfehlenswert, kohlenhydrathaltige Lebensmittel nicht isoliert zu verzehren, sondern diese mit eiweißhaltigen zu kombinieren. Bei einem extremen und hartnäckigen Candidabefall kann es sogar erforderlich sein, kohlenhydrathaltige Lebensmittel auf ein absolutes Minimum zu beschränken. Hier ist man zumeist selbst gefordert, diese Notwendigkeit herauszufinden, indem man seinen Körper und dessen Reaktionen nach dem Verzehr bestimmter Mahlzeiten genau beobachtet.

17. Schränken Sie den Verzehr von Fleisch, Eiern und Milchprodukten (außer in fermentierter Form) ein, weil hierdurch ein alkalisches Darmmilieu gefördert wird. Dies begünstigt das Wachstum von unerwünschten Darmbakterien, die die gesundheitsfördernden Bakterien verdrängen. Somit enthält dieses Kochbuch nur eine kleine Rezeptauswahl mit Geflügel und Fisch.

18. Verzichten Sie auf Fertigprodukte. Ketchup, Mayonnaise und Co. enthalten nicht nur große Mengen Zucker, sondern auch diverse chemische Substanzen, von denen einige auf Schimmelpilzbasis hergestellt werden. Zusatzstoffe sind meistens mit E-Nummern deklariert.

19. Vermeiden Sie Konservierungsstoffe denn sie verhindern den Aufbau der gesunden Darmflora. Konservierungsstoffe (gekennzeichnet mit E200 bis E299) werden zur Verlängerung der Haltbarkeit eingesetzt, indem sie in Lebensmitteln das bakterielle Wachstum eindämmen sollen. Genau dies geschieht auch im Darm, sodass dies zu Beeinträchtigungen der gesundheitsfördernden Darmbakterien führt.

20. Starten Sie Ihre Darmsanierung mit viel Bedacht, und agieren Sie in der Anfangsphase lieber ein bisschen zu vorsichtig als dass Sie bestimmte Ernährungsweisen übertreiben. Da gekochte und gedünstete Lebensmittel in der Regel besser verträglich sind, weil sie nicht mehr gären können, sollte besonders zu Beginn der Darmsanierung die Ernährung hauptsächlich aus gekochten oder gedünsteten Gerichten bestehen. Die Einführung von Rohkost erfolgt nur ganz allmählich, um Blähungen und Gärungen zu verhindern.

21. Wenn Sie unter einer Verdauungsschwäche leiden, nehmen Sie zu jeder Mahlzeit entsprechende Nahrungsergänzungen hinzu wie etwa Verdauungsenzyme, Bitterstoffe und/oder Hydrochloridsäure bei einem Magensäuremangel.

22. Bei einer starken Darmdysbiose und Candidabefall ist es in der Regel erforderlich, zusätzlich zur Ernährungsanpassung probiotische Nahrungsergänzungsmittel einzunehmen. Lassen Sie sich von einem erfahrenen Therapeuten entsprechend beraten.

23. Eine Darmsanierung dauert mindestens 6 Wochen, allerdings ist es zu kurzfristig gedacht, nach dieser Zeit wieder altbekannte Tugenden wieder einschleichen zu lassen. Gerade was eine Candida-Infektion betrifft, kehrt diese bei vielen Betroffenen schneller wieder zurück, als sie einem lieb ist. Die mühsam wiederaufgeforstete Darmflora sollte nicht leichtfertig durch Ernährungssünden in Gefahr gebracht werden. Insbesondere die Ernährungsweise sollte idealerweise einige Monate lang beibehalten werden.

24. Wenn Sie den Eindruck haben, Ihre Darmsanierung nicht allein bewerkstelligen zu können, sollten Sie mit einem erfahrenen Ernährungsberater, Arzt oder Heilpraktiker sprechen, der sich mit ernährungsrelevanten Themen und Darmsanierungen auskennt.

25. Weitere wertvolle Ratschläge, wie Sie Ihre Darmsanierung und/oder Candidainfektion in den Griff bekommen, erhalten Sie in den Büchern „Erfolgreiche Darmsanierung" und „Neue Energie ohne Candida", beide erhältlich im Rainer Bloch Verlag.

Lebensmittelliste

Die nachfolgende Lebensmittelliste gibt einen Überblick über **empfehlenswerte, in Maßen**, und **nicht zu verzehrende Lebensmittel**.

Die Auflistung erhebt keinen Anspruch auf Vollständigkeit, liefert aber eine umfassende Orientierungshilfe. Lesen Sie ergänzend dazu die im vorangehenden Kapitel „25 Ernährungstipps für eine erfolgreiche Darmsanierung und/oder Candidainfektion".

Empfehlenswerte Lebensmittel:

Artischocken (enthalten Bitterstoffe)
Auberginen
Avocado
Bärlauch (enthält Senföle)
Basilikum
Bitterstoffe
Blumenkohl
Brokkoli
Brottrunk
Buchweizen
Butter (enthält Buttersäure)
Champignons
Chicorée (enthält Bitterstoffe)
Curcuma
Dickmilch
Endiviensalat (enthält Bitterstoffe)
Feldsalat
Fermentiertes Gemüse
Frisch gepresste Gemüsesäfte
Frische Kräuter
Gemüse in großen Mengen und jeglicher Form
Gerstengras
Getreide gekocht
Glutenfreies Getreide
Grüner Salat
Gurken
Hirse
Ingwer
Joghurt
Kartoffeln

Empfehlenswerte Lebensmittel:

Kefir
Kerbel
Kichererbsen
Knoblauch (enthält Senföle)
Kokosfett
Kokosmilch (ohne Konservierungsstoffe)
Kresse (enthält Senföle)
Kürbis
Lassi (indisches Joghurtgetränk)
Lauch-Arten (enthalten Senföle)
Leinsamen
Löwenzahn
Mais
Meerrettich (enthält Senföle)
Moringa
Nudeln aus Vollkornmehl oder glutenfrei
Öle, kaltgepresste (z. B. Olivenöl)
Paprika
Petersilie
Porree (enthält Senföle)
Radieschen
Reis
Rettich
Rohkost, harte
Salzzitrone
Sauerkraut
Schnittlauch
Schwefelhaltige Lebensmittel (z. B. Knoblauch)
Smoothies (insbesondere grüne)
Stevia
Thymian
Tomaten
Weizenkleie
Wildkräuter
Zimt
Zucchini
Zwiebeln (enthalten Senföle)

Lebensmittel in Maßen verzehren

Eier
Fisch (z. B. Rotbarsch, Makrele, Seelachs)
Geflügel
Glutenhaltige Getreidesorten
Obst
Obstsäfte

Lebensmittel nicht verzehren

Alkohol
Bratkartoffeln
Chips
Ente
Erdnussflips
Fast Food
Fertigsoßen
Frisch gebackenes Brot
Frittierte Lebensmittel
Gans
Gebratene Lebensmittel
Hefe und hefehaltige Lebensmittel
Kekse
Knabbersachen
Lebensmittel, gegen die man allergisch oder intolerant ist
Mayonnaise
Pommes Frites
Schweinefleisch
Süßigkeiten
Tomatenketchup
Torten
Weißmehlprodukte
Zucker

Fermentiertes Gemüse

Eine äußerst preiswerte und dennoch extrem wertvolle Quelle für Milchsäurebakterien bietet fermentiertes Gemüse. Während unsere Großmütter diese hochwertigen Lebensmittel noch sehr zu schätzen wussten und oft tagelang die Gartenernte durch Einmachen konservierte, ist dies heutzutage fast in Vergessenheit geraten.

Dabei liefert insbesondere fermentiertes Gemüse extrem wertvolle Nährstoffe, nämlich nicht nur die wichtigen Milchsäurebakterien, sondern darüber hinaus auch zahlreiche Vitamine, Enzyme und Mineralstoffe.

Das heutzutage bekannteste fermentierte Gemüse ist das Sauerkraut. Allerdings ist die in Supermärkten anzutreffende Ware in der Regel pasteurisiert und verfügt damit nicht mehr über die wichtigen Inhaltsstoffe, auf die es eigentlich ankommt. Hochwertiges Sauerkraut, und vereinzelt auch andere milchsauer fermentierte Lebensmittel, sind in einigen Reformhäusern und Bioläden erhältlich.

Dabei bedarf es keiner großen Zauberei, fermentiertes Gemüse selbst herzustellen.

Zum milchsauer Einlegen eignet sich fast jedes Gemüse (einzeln oder in Kombination): Tomaten, Gurken, Rüben, Zwiebeln, Möhren, Kraut, Kohl (Weiß-, Rot-, Blumen-, Rosen-, ...), Brokkoli, Bohnen, Paprika, Zucchini, Kohlrabi, Sellerie, Rote Bete, Rettich und Knoblauch.

Fermentiertes Gemüse selbst herstellen

Milchsauer eingelegtes Gemüse
Grundrezept

Zutaten:

Gemüse nach Wahl (Beispiele im Anschluss), Salz (10 bis 15 Gramm pro Kilogramm Gemüse), 1 Liter Wasser pro Kilogramm Gemüse

Zubereitung:

Schneiden Sie das geputzte Gemüse in Scheiben oder Würfel. Wenn Sie verschiedene Gemüsesorten verwenden, mischen Sie diese gut durch, bevor Sie sie in sterile Gläser füllen. Zum oberen Rand ca. 6 bis 7 cm Platz lassen.

Wenn die Gemüsesorten nicht gemischt werden, dann können sie auch schichtweise in die Gläser gefüllt werden.

Kochen Sie das Wasser mit dem Salz auf, lassen Sie es abkühlen, um es dann über das Gemüse zu gießen, sodass das Gemüse gut bedeckt ist. Achten Sie auch hier auf einen Abstand von 5 cm bis zum oberen Rand.

Verschließen Sie die Gläser, stellen Sie sie 6 – 10 Tage bei Zimmertemperatur an einen dunklen Aufbewahrungsort. Danach stellen Sie die Gläser für weitere 3 bis 6 Wochen kühl, aber nicht in den Kühlschrank.

Bei Bedenken, dass die Gläser durch die Gärung platzen könnten, kann man sicherheitshalber sogenannte Gärgläser verwenden.

Gurken mit Meerrettich

Gurke, ganze (größere Gurken mit einem Zahnstocher einstechen) Zwiebeln, Knoblauch, Meerrettichscheiben, Dill, Senfkörner, Koriander, Estragon, Nelken

Gurken mit Paprika und Tomaten

Gurken in Stücke geschnitten, Paprikastreifen, Tomaten in Vierteln, Zwiebeln in Vierteln, Knoblauch, Gewürze wie oben oder nach Geschmack - z. B. Rosmarin und Lorbeerblätter, Salbeiblätter

Kohlrabi

Kohlrabi in Scheiben, Estragon, Gewürzkörner, Dill

Grüne Bohnen

Grüne Bohnen müssen vor dem Einsäuern gekocht werden (in ungesalzenem Wasser 15 Minuten) dann wie üblich einlegen - mit Zwiebelstückchen, Knoblauch, Bohnenkraut

Gurken mit Blumenkohl

Gurken und Blumenkohlröschen (größere Gurken in Scheiben schneiden), Gewürze nach Geschmack

Paprikaschoten

Rote Paprikaschoten in Stücken schneiden - Gewürze nach Geschmack

Sauerkraut

Zutaten:

1 kg Weißkohl, 1 TL Salz

Zubereitung:

Entfernen Sie die schlechten Blätter, schneiden Sie die Strünke heraus, und raspeln Sie den Weißkohl fein in eine Schüssel.

Legen Sie die Weißkohlraspeln schichtweise in ein Keramikgefäß oder ein spezielles Sauerkrautfass. Bestreuen Sie jede Schicht mit etwas Salz, und stampfen Sie diese jedes Mal möglichst fest, sodass der Weißkohl mit einer leicht schaumigen Flüssigkeit bedeckt ist.

Beschweren Sie den Weißkohl mit einem sauberen Teller und einem zusätzlichen Gewicht (z. B. ein Stein). Bedecken Sie das Gefäß mit einem sauberen Baumwolltuch. Säubern Sie den Teller und Stein regelmäßig, und tauschen Sie das Tuch gegen ein sauberes aus.

Schöpfen Sie hin und wieder überstehendes Wasser ab, sobald dies mehr als zwei Finger hoch über dem Weißkohl steht.

Der Gärungsprozess erfolgt bei einer Zimmertemperatur von ca. 20 °C. Das Sauerkraut ist nach 3 – 4 Wochen fertig zum Verzehr.

Bewahren Sie das Sauerkraut nach dem Reifungsprozess im kühlen Keller auf.

Das Sauerkraut wird noch schmackhafter, wenn man einen halben Apfel in Scheiben schneidet und diese zusammen mit dem Weißkohl einschichtet.

Sauer eingelegtes gemischtes Blattgemüse (als Suppengewürz)

Zutaten:

250 g Zwiebellauch, 250 g Porreegrün, 125 g Sellerieblätter, 125 g Petersilie, 500-600 g Möhren, Salz (man rechnet ca. 10 Gramm pro Kilogramm Gemüse)

Zubereitung:

Schneiden Sie das gewaschene Gemüse in kleine Stücke, und mischen Sie diese gut durch.

Füllen Sie das gemischte Gemüse schichtweise in sterile Gläser. Bestreuen Sie jede Schicht mit etwas Salz. Stampfen Sie so fest, dass Flüssigkeit austritt.

Die letzte Schicht sollte immer Salz sein. Lassen Sie zum oberen Rand ausreichend Platz. Reinigen Sie den Rand der Gläser. Verschließen Sie sie, und bewahren Sie sie an einem kühlen Ort auf, nicht jedoch im Kühlschrank.

Als Suppengewürz rechnet man 1 bis 2 Esslöffel pro Liter Suppe.

Giersch

Auch Giersch, den Sie vielleicht als „Unkraut" aus ihrem Garten kennen, kann wie Gemüse eingelegt werden. Man rechnet dazu mit 40 g Salz auf 1 Kilogramm Giersch.

Überbrühen Sie die Blätter mit Stängeln mit kochendem Wasser. Anschließend legen Sie sie schichtweise in ein Fass. Auf jede etwa 5 Zentimeter hohe Gierschschicht streuen Sie etwas Salz.

Stampfen Sie den Giersch so fest, dass Flüssigkeit austritt. Der Giersch muss mit der Flüssigkeit gut bedeckt sein. Dann abfüllen, verschließen und kühl lagern.

Achten Sie immer darauf, dass der Giersch von Flüssigkeit bedeckt ist. Notfalls beschweren Sie mit einem Teller und/oder Stein.

Veganes Kimchi

Zutaten für einen 10 Liter Gärtopf:

5 kg Chinakohl, 1 Rettich, 1 Bund Frühlingszwiebeln, 6 EL Algen (z. B. Kombu, Nori), 2 Zwiebeln, 4 Knoblauchknollen, 1 Tasse Reismehl, 100-150 g Salz, Ingwer

Zubereitung:

Schneiden Sie den Chinakohl in gleich große Stücke. Waschen Sie diese, und lassen Sie sie gut abtrocknen. Rühren Sie das Salz unter, und lassen Sie den Kohl über Nacht ziehen.

Am nächsten Morgen gießen Sie die entstandene Flüssigkeit weg. Spülen Sie den Kohl 3 bis 5 Mal gut durch.

Für die Würzpaste verrühren Sie 1 Tasse Reismehl mit 8 Tassen kaltem Wasser. Lassen Sie langsam köcheln, sodass die Masse eindickt. Nehmen Sie den Topf von der Herdplatte, und lassen Sie abkühlen.

Schneiden Sie den geputzten Rettich in dünne Streifen, die Frühlingszwiebel in etwa 2 cm dicke Stücke.

Geben Sie die geputzten Knoblauchzehen und Zwiebeln mit einem Stück Ingwer in einen Mixer, und verarbeiten Sie dies zu einer Paste.

Weichen Sie die Algen in Wasser ein, und lassen Sie sie durchziehen.

Vermischen Sie die abgekühlte Reispaste mit der Zwiebel-Ingwer-Knoblauchpaste, den Algen, dem Rettich, den Frühlingszwiebeln und dem Kohl. Verrühren Sie gründlich, und geben Sie alles in einen Gärtopf. Beschweren Sie diesen mit einem Teller und/oder Steinen. Setzen Sie den Deckel auf den Gärtopf.

Achten Sie darauf, dass sich in der dafür vorgesehenen Rille Wasser befindet. Lassen Sie 3 Tage bei Zimmertemperatur stehen, danach kühler stellen und noch mindestens 2 Wochen ziehen lassen.

Alternativ zum Gärtopf können Sie die Menge auf Schraub- oder Gärgläser aufteilen. Sonst wie oben verfahren. Schraubgläser müssen jeden zweiten Tag „gelüftet" werden, damit sie nicht platzen. Danach sollten sie im Kühlschrank aufbewahrt werden.

Kimchi aus Wurzelgemüse

Zutaten für 2 Liter:

1 kg Rettich, 500 g Topinambur, 2 Möhren, 2 Mairüben, 1 Stück Meerrettich, 10 Radieschen, 2 Zwiebeln, 1 Stück Ingwer, 4 Knoblauchzehen, 1,5 EL Salz
optional: 1 Apfel, 1 Birne, frische Kräuter

Zubereitung:

Schneiden Sie das geputzte Gemüse in kleine Stücke. Hacken Sie den Ingwer und die Knoblauchzehen fein. Geben Sie alle Zutaten in eine Schüssel, und vermengen Sie diese mit Salz.

Füllen Sie die Gemüsemischung schichtweise in ein Glas. Drücken Sie jede Schicht fest, den Abschluss bildet eine Schicht Rettich. Halten Sie bis zum oberen Rand einen Abstand von etwa 5 Zentimetern ein. Verschließen Sie das Gefäß am besten mit einem Gazetuch.

Lassen Sie das Gemüse fermentieren. Drücken Sie das Gemüse, das eventuell aus der sich entwickelnden Flüssigkeit herausragt, ca. alle 10 Stunden zurück.

Nach einigen Tagen, sobald sich keine Gasblasen mehr bilden, kann das Kimchi in Gläser umgefüllt und im Keller oder Kühlschrank aufbewahrt werden. Sobald der pH-Wert unter 4,2 fällt, ist das Gemüse sicher, bis dahin regelmäßig überprüfen.

Mandeln in Shoyu oder Tamari

Zutaten:

weiße Mandeln, Shoyu oder Tamari

Zubereitung:

Geben Sie die Mandeln in ein Glas, und gießen Sie mit Shoyu oder Tamari auf. Verschließen Sie das Glas luftdicht. Lassen Sie die Mandeln mindestens 3 Monate lang fermentieren.

Tempeh (fermentierte Sojabohnen)

Zutaten für 1 kg Tempeh:

600 g Sojabohnen (roh), 6 EL Essig, 1 TL (3-5 Gramm) Starterkultur

Für die Herstellung von Tempeh ist es notwendig, eine entsprechende Starterkultur zu verwenden. Diese ist in einigen Bioläden und in entsprechenden Internetshops erhältlich.

Zubereitung:

Halbieren Sie die Sojabohnen, wenn dies möglich ist. Sollte das zu diesem Zeitpunkt nicht gut funktionieren, können Sie das auch nach dem Einweichen machen.

Lassen Sie die Sojabohnen in 2 Litern Wasser 18 bis 20 Stunden einweichen. Nun sollten die Hüllen weich und gut zu entfernen sein, auch das Halbieren müsste jetzt problemlos gehen. Das Enthülsen der Sojabohnen ist eine Frage der Geduld, aber leider notwendig.

Gießen Sie das Einweichwasser nach dem Einweichen ab. Geben Sie die Sojabohnen in einen Topf, und gießen Sie so viel Wasser auf, dass die Bohnen gut bedeckt sind.

Geben Sie den Essig hinzu, und lassen Sie etwa 30 Minuten kochen. Gießen Sie das Wasser ab, und lassen Sie die Sojabohnen abkühlen (unbedingt auf unter 35 °C!).

Geben Sie nun die Starterkultur über die Sojabohnen, und vermengen Sie dies mit einem sauberen Löffel sehr gründlich.

Durchlöchern Sie nun 2 Plastiktüten mit den Maßen 18 x 20 Zentimeter im Abstand von 1 Zentimeter mit einer dicken Nadel (die Nadel sollte mindestens einen Durchmesser von 0,6 Millimeter haben). Verteilen Sie die Sojabohnen auf die 2 Tüten, und lassen Sie sie an einem warmen Ort (ideal sind ca. 30 °C) 36 bis 48 Stunden ruhen.

Am Ende der Fermentation sollte der Tempeh in etwa aussehen wie ein französischer Weichkäse und sich als ganzes Stück entnehmen lassen.

Alternativ zu den Plastiktüten kann man auch einen Quarkbereiter verwenden, dessen Innencontainer durchbohrt wurde. Ein Joghurtbereiter eignet sich leider nicht, hier werden die Temperaturen zu hoch.

Salzzitronen

Salzzitronen kennt man seit jeher in der marokkanischen Küche. Immer mehr finden sie auch in unserer Küche Beachtung, weil sie vielen Gerichten ein besonderes Aroma verleihen und sich nach Belieben in zahlreiche Speisen einfügen lassen. Besonders beliebt sind Salzzitronen in Salaten, Reis-, Hähnchen- und Fischgerichten.

Die Schale wird durch die Salzlagerung ganz weich und kann mitgegessen werden. Dazu schneidet man sie und/oder das Fruchtfleisch in kleine Stücke oder Streifen.

Doch nicht nur die Vielseitigkeit der Salzzitronen lässt sie immer beliebter werden, sondern auch ihr gesundheitsfördernder Nutzen, der inzwischen auch von naturheilkundlichen Therapeuten geschätzt wird.

Der gesundheitsfördernde Aspekt wird unter anderem darauf zurückgeführt, dass Zitronen in Kombination mit dem Meersalz über wertvolle Antioxidantien verfügen.

Aber auch die signifikant hohe Dosis an Elektrolyten trägt zu manch einer gesundheitlichen Verbesserung bei, wie insbesondere bei Verdauungsproblemen. Dies sorgt nicht nur für eine regelmäßige Verdauung, sondern hilft auch, Verdauungsstörungen wie Blähungen, Durchfall, Verstopfung, Aufstoßen und Sodbrennen zu mildern.

Zubereitung von Salzzitronen

Zutaten:

6-8 dünnschalige ungespritzte Bio-Zitronen, 6-8 EL Meersalz, Wasser

Zubereitung:

Waschen Sie die Zitronen, und schneiden Sie sie über die gesamte Länge tief ein, so dass die 2 Hälften noch ein restliches Stück miteinander verbunden sind.

Fangen Sie den Saft auf, und entfernen Sie nach Möglichkeit die Kerne. Geben Sie in jeden Einschnitt 1 TL Salz. Drücken Sie die Zitronen fest zusammen, und geben Sie sie in ein großes Glas, in dem die Zitronen reichlich Platz haben. Streuen Sie zuvor 1 TL Salz in das Glas.

Füllen Sie den aufgefangenen Zitronensaft in das Glas, und streuen Sie das restliche Salz darüber. Gießen Sie kochendes Wasser hinzu, so dass die Zitronen gut bedeckt sind.

Beschweren Sie die Zitronen mit einer Untertasse, um zu verhindern, dass sie oben schwimmen. Verschließen Sie das Glas, und stellen Sie es ca. 4 Wochen lang an einen warmen dunklen Platz.

In dieser Form sind die Zitronen monatelang haltbar. Gegebenenfalls können sie vor der Verwendung mit Wasser abgespült werden, um das Salz etwas zu entfernen.

Alternativzubereitung mit Olivenöl

Schneiden und salzen Sie die Zitronen wie oben beschrieben ein. Geben Sie sie dann in ein Glas, und drücken Sie so kräftig, dass Saft austritt. Bei dieser Zubereitungsvariante gießen Sie kein Wasser auf.

Verschließen Sie das Glas, und beobachten Sie es in den nächsten Tagen. Sobald die Zitronen vollständig mit Saft bedeckt sind, durchschütteln Sie alles kräftig, und füllen mit ca. 50 ml Olivenöl auf.

Verschließen Sie das Glas wieder, und lassen Sie es 3 bis 4 Wochen lang ohne Schütteln ruhen. Die Zitronen können Sie einzeln entnehmen und mit oder ohne Fruchtfleisch verwenden.

Rezepte mit fermentiertem Gemüse

Möhren-Sauerkraut-Salat mit Apfel

Zutaten:

200 g Möhren, 500 g Sauerkraut, 2 Äpfel, 5 EL Wasser, etwas Zitronensaft, fein gehackter Schnittlauch, Kümmel, Dickmilch, Brottrunk, Öl und Salz

Zubereitung:

Raspeln Sie die Äpfel und geschälten Möhren fein. Beträufeln Sie die Äpfel mit Zitronensaft.

Schneiden Sie das gut abgetropfte und auseinandergezupfte Sauerkraut klein.

Geben Sie alle Zutaten in eine Schüssel, und rühren Sie um.

Rote Bete und Sauerkraut

Zutaten für 4 Portionen:

400 g Rote Bete, 200 g Sauerkraut, 1 Zwiebel, 1 Apfel, 3 EL Öl, 2 EL Schnittlauch, 2 EL geriebene Haselnüsse, etwas Reissirup, Meerrettich, Salz, Pfeffer und Kümmel

Zubereitung:

Raspeln Sie die geschälte Rote Bete, die Äpfel und die Zwiebel. Schneiden Sie das auseinandergezupfte und gut abgetropfte Sauerkraut klein.

Vermengen Sie das Öl mit dem Reissirup und Meerrettich. Rühren Sie dies unter den Salat, und schmecken Sie mit den restlichen Zutaten ab.

Suppe aus eingelegten grünen Bohnen

Zutaten für 4 Portionen:

10 Kartoffeln, 1 kg grüne eingelegte Bohnen, 2 Zwiebeln, 3 Lorbeerblätter, Olivenöl

Zubereitung:

Schneiden Sie die geschälten Kartoffeln und Zwiebeln in Würfel. Dünsten Sie die Zwiebeln in Olivenöl an, geben Sie die Kartoffeln hinzu, und löschen Sie mit 1 bis 1,5 Liter Wasser ab. Kochen Sie so lange, bis die Kartoffeln fast gar sind.

Schneiden Sie in der Zwischenzeit die milchsauer vergorenen Bohnen in 3 bis 4 Zentimeter große Stücke. Geben Sie diese in die Suppe, lassen Sie auf niedriger Stufe durchziehen, aber nicht mehr kochen.

Schmecken Sie mit dem Olivenöl und den Gewürzen ab.

Quinoa mit Tempeh

Zutaten für 4 Portionen:

250 g Tempeh, 250 g Pilze, 2 Zwiebeln, 250 g Kürbis, 2 Möhren, 250 g Quinoa, etwas Wasser, Olivenöl, Sojasoße

Zubereitung:

Spülen Sie die Quinoakörner gründlich unter fließendem Wasser aus. Dann gut abtropfen lassen und beiseite stellen.

Schneiden Sie die Möhren und den Kürbis in mundgerechte Stücke, den Tempeh und die Zwiebeln in Würfel, die geputzten Pilze in Scheiben.

Schwitzen Sie die Zwiebeln in etwas Olivenöl an. Geben Sie die Pilze hinzu, und dünsten Sie 6 bis 10 Minuten. Rühren Sie dann das Gemüse, die Quinoakörner und den Tempeh unter. Füllen Sie mit etwas Wasser auf. Kochen Sie ca. 15 Minuten, bis der Quinoa weich ist. Schmecken Sie mit der Sojasoße ab.

Indonesisches Curry mit Tempeh

Zutaten für 4 Portionen:

250 g Tempeh, 2 Paprikaschoten, 2 mittelgroße Süßkartoffeln, 2 Knoblauchzehen, 2 Zwiebeln, 250 ml Kokosmilch (ohne Konservierungsstoffe), etwas Wasser, Olivenöl, Curcumapulver, Basilikum, Salz, Pfeffer

Zubereitung:

Schneiden Sie den Tempeh, Knoblauch und die Zwiebeln in Würfel, den geputzten Paprika und die geschälten Süßkartoffeln in mundgerechte Stücke. Schwitzen Sie die Zwiebeln und den Knoblauch zusammen mit dem Tempeh kurz in dem erhitzten Olivenöl an. Löschen Sie mit der Kokosmilch und etwas Wasser ab. Geben Sie das restliche Gemüse und das Curcumapulver hinzu.

Lassen Sie auf niedriger Stufe köcheln, bis das Gemüse die gewünschte Konsistenz hat. Abschmecken und z. B. mit Reis servieren.

Frühstück

Frischkornbrei mit Früchten

Zutaten:

4 EL Buchweizenflocken, 1 Apfel, ½ Banane, 1 Kiwi, 50 ml Sahnequark, etwas Wasser

Zubereitung:

Lassen Sie die in etwas Wasser eingeweichten Buchweizenflocken über Nacht aufquellen.

Rühren Sie am nächsten Morgen den geraspelten Apfel, die in grobe Stücke geschnittene Kiwi, die zerdrückte Banane und den Sahnequark unter die aufgequollenen Buchweizenflocken.

Kichererbsenaufstrich

Zutaten:

300 g getrocknete Kichererbsen, 2 EL Zitronensaft, je 1 Liter Wasser und Gemüsebrühe (hefefrei), 3 EL Olivenöl, 1 TL Curcumapulver, 2 TL gemahlener Kreuzkümmel, etwas Salz und Pfeffer

Zubereitung:

Lassen Sie die Kichererbsen über Nacht im Wasser einweichen. Schütten Sie das Einweichwasser am nächsten Morgen ab.

Kochen Sie die Kichererbsen mit der Gemüsebrühe 2 – 3 Stunden weich. Schöpfen Sie nach ca. 90 Minuten den weißen Schaum an der Oberfläche ab. Geben Sie zum Ende der Kochzeit den Kreuzkümmel hinzu.

Gießen Sie die gar gekochten Kichererbsen ab, lassen Sie eine kleine Menge des Kochwassers zurück. Geben Sie dies mit den Kichererbsen, dem Olivenöl, Zitronensaft, Curcumapulver, Salz und Pfeffer in einen Mixer. Pürieren Sie, bis eine cremige Konsistenz erreicht ist.

Apfel-Reis mit Haselnüssen

Zutaten für 1 Portion:

1 Apfel, 30 g Milchreis, 120 ml Dickmilch, 1 EL grob gehackte Haselnüsse, etwas Wasser, Stevia, 1 Prise Zimt

Zubereitung:

Kochen Sie den Reis in etwas Wasser gar. Nach dem Abkühlen rühren Sie den geraspelten Apfel und die Dickmilch unter. Schmecken Sie mit Zimt und Stevia ab.

Streuen Sie die in einer fettfreien Pfanne angerösteten Haselnüsse darüber.

Hirsebrei mit Bananen

Zutaten für 2 Portionen:

100 g Hirse, 300 ml Dickmilch, 300 ml Wasser, 2 Bananen, ½ TL weißes Steviapulver, 1 Prise Salz

Zubereitung:

Lassen Sie die gewaschene Hirse im Wasser aufkochen und anschließend bei gelegentlichem Umrühren ca. 30 Minuten auf niedriger Stufe köcheln.

Vermengen Sie die in Scheiben geschnittenen Bananen und die Dickmilch mit dem etwas abgekühlten Hirsebrei. Schmecken Sie mit Salz und Stevia ab.

Spirulina-Kichererbsen-Aufstrich

Zutaten:

1 Avocado, 100 g Kichererbsen aus der Dose (Abtropfgewicht), 50 ml Buttermilch, 1 EL Sesamöl, 1 EL Sesampaste, 1 EL Spirulinaalgen, ½ TL Kreuzkümmel, etwas Salz und Pfeffer

Zubereitung:

Lassen Sie die abgespülten Kichererbsen abtropfen, und geben Sie diese zusammen mit der Sesampaste, Buttermilch, Avocado, dem Sesamöl und den Spirulinaalgen in einen Mixer.

Pürieren Sie so lange, bis eine cremige Konsistenz erreicht ist. Geben Sie etwas mehr Dickmilch hinzu, wenn eine etwas flüssigere Konsistenz gewünscht ist.

Schmecken Sie mit den Gewürzen ab.

Pikante Buchweizengrütze

Zutaten für 2 Portionen:

100 g Buchweizenflocken, 2 EL Dickmilch, 250 ml Gemüsebrühe (hefefrei), 250 ml Wasser, 1 EL gehackte Petersilie, etwas Salz und Pfeffer

Zubereitung:

Bringen Sie die Gemüsebrühe mit dem Wasser zum Kochen, und rühren Sie die Buchweizenflocken ein. Lassen Sie auf niedriger Stufe und gelegentlichem Umrühren ca. 15 Minuten köcheln und auf der abgeschalteten Herdplatte weitere 15 Minuten aufquellen.

Rühren Sie die restlichen Zutaten unter.

Aprikosen-Dickmilch

Zutaten:

500 ml Dickmilch, 5 Aprikosen, 2 EL grobe Haferflocken, 2 EL grob gehackte Walnüsse, etwas Steviapulver und Zimt

Zubereitung:

Rösten Sie die Walnüsse mit den Haferflocken in einer fettfreien Pfanne an.

Vermengen Sie die Dickmilch mit den in grobe Stücke geschnittenen Aprikosen.

Schmecken Sie mit Zimt und Stevia ab, und streuen Sie die Walnüsse und Haferflocken darüber.

Haferbrei mit Apfel

Zutaten für 1 Portion:

5 EL feine Haferflocken, 1 Apfel, 1 EL Mandelblätter, 1 Prise Steviapulver, etwas Hafermilch, Wasser und Salz

Zubereitung:

Vermischen Sie die Haferflocken mit dem grob geraspelten Apfel, den Mandelblättern, etwas Hafermilch, Wasser und Salz. Kochen Sie kurz auf, und verdünnen Sie nach Belieben mit weiterer Hafermilch. Schmecken Sie mit Stevia ab.

Mandel-Paprika-Aufstrich

Zutaten:

100 g gemahlene Mandeln, 100 g Paprikamark, 1 kleine Zwiebel, 1 EL Mandelmus, 1 Handvoll Schnittlauch, etwas Salz, Pfeffer und Paprikapulver

Zubereitung:

Vermengen Sie die Mandeln mit dem Mandelmus, Paprikamark und der fein gehackten Zwiebel. Rühren Sie die Schnittlauchröllchen unter, und schmecken Sie mit den Gewürzen ab.

Bananen-Haferflockenbrei

Zutaten für 1 Portion:

je 20 g kernige und zarte Haferflocken, 1 Banane, 2 EL Rosinen, 150 ml Hafermilch, 1 Prise Salz

Zubereitung:

Kochen Sie die Haferflocken mit den Rosinen und der Hafermilch auf. Lassen Sie einige Minuten köcheln, bis eine breiige Konsistenz erreicht ist.

Rühren Sie die mit einer Gabel zerdrückte Banane unter, schmecken Sie mit einer Prise Salz ab.

Brennnessel-Aufstrich

Zutaten:

1 Becher körniger Frischkäse, 100 g frische Brennnesselblätter, 1 EL Zitronensaft, 2 EL Pinienkerne, 1 kleine Zwiebel, etwas Wasser, Salz und Pfeffer

Zubereitung:

Rösten Sie die fein gehackten Pinienkerne in einer fettfreien Pfanne an.

Blanchieren Sie die Brennnesseln kurz in Wasser. Zupfen Sie die Blätter von den Stielen, trocknen Sie diese mit einer Salatschleuder, oder tupfen Sie mit Küchenpapier ab.

Vermengen Sie den Frischkäse mit etwas Wasser, rühren Sie die Brennnesselblätter, die fein gehackte Zwiebel, Pinienkerne und den Zitronensaft unter. Schmecken Sie mit Salz und Pfeffer ab.

Smoothies

Wilder Smoothie

Zutaten:

2 Äpfel, 200 g frische Wildpflanzen (z. B. Löwenzahn, Giersch, Spitzwegerich, Schafgarbe, Brennnesseln), 200 ml Wasser, 100 ml Kokosmilch (ohne Konservierungsstoffe), 1 EL Spirulinaalgen, 1 EL Weizengraspulver, 1 Stückchen Ingwer

Zubereitung:

Hacken Sie die gründlich gewaschenen Wildpflanzen und den Ingwer klein. Schneiden Sie die gewaschenen ungeschälten und entkernten Äpfel in grobe Stücke.

Geben Sie Apfelstücke zusammen mit den weiteren Zutaten in einen Mixer.

Vermengen Sie so lange, bis die gewünschte Konsistenz erreicht ist.

Spinat-Sellerie

Zutaten:

1 Staudensellerie, 150 g frischer Spinat, 1 Apfel, 1 Handvoll Brennnesseln, Saft von ½ Zitrone, 250 ml Wasser

Zubereitung:

Schneiden Sie das geputzte Gemüse, die Brennnesseln und den gewaschenen und entkernten Apfel in grobe Stücke.

Geben Sie diese zusammen mit den weiteren Zutaten in einen Mixer. Pürieren Sie so lange, bis das Smoothie cremig ist.

Gekühlte Aprikosen mit Papaya

Zutaten:

6 Aprikosen, 1 Papaya, 6 Eiswürfel, 300 ml Wasser, 1 Prise Zimt

Zubereitung:

Schälen und entkernen Sie die Aprikosen und Papaya. Schneiden Sie das Obst in grobe Stücke, und geben Sie diese zusammen mit dem Wasser und Zimt in einen Mixer.

Verrühren Sie so lange, bis ein cremiges Smoothie entstanden ist.

Geben Sie zum Schluss die Eiswürfel hinzu. Mixen Sie diese kurz unter, sodass noch kleine Stückchen Eis im Smoothie verbleiben.

Sellerie-Avocado-Smoothie

Zutaten:

½ Sellerie, 1 Avocado, ½ Gurke, 1 TL Spirulinaalgen, 100 ml Wasser, 1 Stückchen Ingwer, 1 EL Weizengras

Zubereitung:

Schneiden Sie das geschälte Gemüse in grobe Stücke. Raspeln Sie den Ingwer fein.

Geben Sie dies zusammen mit dem Wasser, Weizengras und den Spirulinaalgen in einen Mixer. Vermengen Sie alles zu einem cremigen Smoothie.

Sellerie-Kohlrabi

Zutaten:

2 Sellerieknollen, 2 Äpfel, 2 Kohlrabi, 1 TL Moringapulver, 1 EL Mandelmus, 300 ml Wasser, 50 ml Kokosmilch (ohne Konservierungsstoffe)

Zubereitung:

Schneiden Sie die geschälten Sellerieknollen, den geschälten Kohlrabi und die gewaschenen und entkernten Äpfel in grobe Stücke.

Geben Sie diese zusammen mit den weiteren Zutaten in einen Mixer. Pürieren Sie so lange, bis das Smoothie cremig ist.

Grünes Salat-Smoothie

Zutaten:

½ kleiner Wirsing, 5 Blätter grüner Salat, 5 Blätter Endiviensalat, ½ Salatgurke, 1 Apfel, 200 ml Wasser, 1 EL Limettensaft, 1 TL Moringapulver

Zubereitung:

Schneiden Sie die gewaschenen Wirsing- und Salatblätter, die Salatgurke und den Apfel in grobe Stücke. Geben Sie diese zusammen mit dem Moringapulver, Limettensaft und Wasser in einen Mixer. Pürieren Sie so lange, bis Sie die gewünschte Konsistenz erreicht haben.

Bananen-Mandel-Smoothie

Zutaten:

2 Bananen, 80 g gemahlene Mandeln, 2 EL Mandelmus, 250 ml Sojamilch, etwas Vanilleextrakt

Zubereitung:

Schneiden Sie die Bananen in grobe Stücke, und geben Sie diese zusammen mit den weiteren Zutaten in einen Mixer. Verrühren Sie so lange, bis die gewünschte Konsistenz erreicht ist.

Pikanter Chicorée-Mix

Zutaten:

1 Chicorée, ¼ Kopfsalat, ½ Stange Sellerie, 300 ml Wasser, 1 Stück Ingwer fein gerieben, 1 Handvoll Löwenzahn, 1 TL Moringapulver, 1 EL Leinöl, etwas Salz und Pfeffer

Zubereitung:

Schneiden Sie den geputzten Chicorée, Kopfsalat und Löwenzahn in grobe Streifen und den Sellerie in Stücke.

Geben Sie dies zusammen mit den weiteren Zutaten in einen Mixer. Vermengen Sie so lange, bis die gewünschte Konsistenz erreicht ist.

Spinat-Früchte- Smoothie

Zutaten:

200 g frischer Spinat, 3 Kiwis, 2 Bananen, 400 ml Wasser, 1 EL Spirulinaalgen, 1 EL Leinöl

Zubereitung:

Schneiden Sie den geputzten Spinat in Streifen und die geschälten Kiwis und Bananen in grobe Stücke.

Geben Sie alle Zutaten in einen Mixer, und vermengen Sie so lange, bis die gewünschte Konsistenz erreicht ist.

Joghurt-Getränke und Säfte

Joghurtgetränk mit Milchsäurebakterien

Zutaten:

1 Liter H-Milch, 2 – 3 TL Milchsäurebakterien-Pulver (erhältlich im Reformhaus und in Apotheken)

Zubereitung:

Rühren Sie das Milchsäurebakterien-Pulver in die H-Milch ein. Stellen Sie das Joghurtgetränk für ca. 36 Stunden an einen warmen Ort (25 °C – 30 °C), danach zum Aufbewahren in den Kühlschrank.

Tipp:

Alternativ zum Warmstellen können Sie die H-Milch nach dem Einrühren des Milchsäurebakterien-Pulvers in einen Joghurtbereiter füllen.

Achten Sie beim Kauf der Milchsäurebakterien auf eine hochwertige Qualität. Wichtig ist, dass die Bakterien in der Lage sind, die Magen- und Gallensäure unbeschadet zu passieren. Lassen Sie sich im Reformhaus oder in Ihrer Apotheke entsprechend beraten.

Mango-Lassi

Zutaten:

1 essreife Mango, je 200 ml Naturjoghurt und Buttermilch, je 1 Prise Nelkenpulver, Kardamon und Zimt, 1 Spritzer Stevia, 5 Eiswürfel

Zubereitung:

Geben Sie das Mangofruchtfleisch mit dem Joghurt, der Buttermilch und den Eiswürfeln in einen Mixer. Pürieren Sie so lange, bis eine cremige Konsistenz erreicht ist. Schmecken Sie mit den Gewürzen ab.

Minze-Lassi

Zutaten für 2 Portionen:

2 Zweige Minze, 100 ml Naturjoghurt, 150 ml Dickmilch, 1 Prise Salz, 4 Eiswürfel

Zubereitung:

Zupfen Sie die Minzblätter von den Zweigen. Lassen Sie ein paar Blätter zum Dekorieren zurück, und geben Sie die restlichen Blätter mit den weiteren Zutaten in einen Mixer. Pürieren Sie so lange, bis die gewünschte Konsistenz erreicht ist.

Gurken-Lassi

Zutaten:

½ Salatgurke, 300 ml Naturjoghurt, 100 ml Dickmilch, 1 kleines Stückchen Ingwer, 2 EL gehackte Petersilie, je 1 Prise Kreuzkümmel und Meerrettich

Zubereitung:

Schneiden Sie die geschälte Gurke in grobe Stücke, und geben Sie diese zusammen mit den weiteren Zutaten in einen Mixer. Pürieren Sie so lange, bis die gewünschte Konsistenz erreicht ist. Servieren Sie den Gurken-Lassi gut gekühlt.

Bananen-Lassi

Zutaten für 4 Portionen:

2 vollreife Bananen, 300 ml Naturjoghurt, 100 ml Dickmilch, 1 EL Zitronensaft, 200 ml Wasser, je 1 Prise Kardamom und Muskat, 4 Eiswürfel

Zubereitung:

Schneiden Sie die Bananen in grobe Stücke, und geben Sie diese zusammen mit den weiteren Zutaten (bis auf die Eiswürfel) in einen Mixer. Pürieren Sie so lange, bis die gewünschte Konsistenz erreicht ist.

Geben Sie die Eiswürfel vor dem Servieren in die Gläser.

Ayran – türkisches Joghurtgetränk

Zutaten für 3 Portionen:

je 500 ml Naturjoghurt und Wasser, 1 Prise Salz, 1 frischer Minzzweig pro Glas, Eiswürfel

Zubereitung:

Vermengen Sie den Joghurt, das Wasser und Salz mit einem Mixer oder Quirl. Gießen Sie den Ayran in die Gläser, geben Sie die Eiswürfel und Minzzweige hinzu.

Grapefruit-Apfelsinen mit Kefir

Zutaten:

2 Grapefruit, 3 Apfelsinen, 500 ml Kefir, 4 Eiswürfel

Zubereitung:

Schneiden Sie die geschälten Grapefruits und Apfelsinen in grobe Stücke. Geben Sie diese zusammen mit dem Kefir und den Eiswürfeln in einen Mixer. Mixen Sie so lange, bis die gewünschte Konsistenz erreicht ist.

Grapefruit-Kokosmilch

Zutaten:

2 Grapefruits, 120 ml Kokosmilch (ohne Konservierungsstoffe), 1 EL Kokosraspeln

Zubereitung:

Pressen Sie die Grapefruits mit einer Saftpresse aus. Verquirlen Sie den Saft mit der Kokosmilch und den Kokosraspeln.

Hausgemachter Rote Bete-Saft

Zutaten:

4 Knollen Rote Bete, 2 Äpfel, 2 Möhren

Zubereitung:

Waschen Sie die geschälte Rote Bete und die Möhren gründlich, und entkernen Sie die Äpfel. Schneiden Sie alles in grobe Stücke, und geben Sie diese in einen Entsafter.

Beeren-Joghurt-Shake

Zutaten:

100 g Johannisbeeren, 100 g Erdbeeren, 500 ml Naturjoghurt, 200 ml Dickmilch

Zubereitung:

Entfernen Sie das Grün von den Beeren, schneiden Sie die Erdbeeren in grobe Stücke. Geben Sie die Beeren mit den weiteren Zutaten in eine Schüssel, und mixen Sie alles mit einem Stabmixer cremig.

Brottrunk-Rote Bete-Saft

Zutaten für 1 Portion:

80 ml Brottrunk, 100 ml Rote Bete-Saft, 50 ml Wasser, 1 TL frisch gehackte Kräuter, etwas Salz und Pfeffer

Zubereitung:

Vermengen Sie den Brottrunk mit dem Rote Bete-Saft, Wasser und den Kräutern. Würzen Sie den Saft mit etwas Salz und Pfeffer.

Molke-Rote Bete-Saft

Zutaten für 2 Portionen:

150 ml Rote Bete-Saft, 50 ml Molke, stilles Mineralwasser, etwas Salz und Pfeffer

Zubereitung:

Mixen Sie den Rote Bete-Saft mit der Molke, Salz und Pfeffer. Verteilen Sie den Saft auf 2 Gläser, und gießen Sie mit dem Mineralwasser auf.

Möhren-Apfelsinensaft

Zutaten:

5 Möhren, 1 Apfelsine, 250 ml Reismilch, 1 Stückchen Ingwer

Zubereitung:

Entsaften Sie die geputzten Möhren, die geschälte Apfelsine und den Ingwer im Entsafter. Verquirlen Sie den Saft anschließend mit der Reismilch.

Kefir-Bananen-Shake

Zutaten:

250 ml Kefir, 2 Bananen, 120 ml Wasser, 1 Zweig Minze, ½ TL Curcumapulver

Zubereitung:

Schneiden Sie die Bananen in grobe Stücke, und zupfen Sie die Minzeblätter vom Zweig.

Geben Sie alle Zutaten in einen Mixer, und mixen Sie so lange, bis Sie eine cremige Konsistenz erreicht haben.

Gemischter Avocado-Salat

Zutaten:

1 essreife Avocado, 5 Blätter Eisbergsalat, 1 Tomate, 1 Handvoll Schnittlauch, 2 Knoblauchzehen, 1 Frühlingszwiebel, Saft von ½ Zitrone, 100 ml Buttermilch, etwas Salz und Pfeffer, eine Prise Stevia

Zubereitung:

Schneiden Sie die Tomate, Avocado und Knoblauchzehen in Würfel, den gewaschenen Eisbergsalat in schmale Streifen und die geputzte Frühlingszwiebel in dünne Ringe.

Beträufeln Sie die Avocadowürfel mit etwas Zitronensaft. Für das Dressing vermengen Sie den restlichen Zitronensaft mit der Buttermilch, Salz, Pfeffer und Stevia.

Geben Sie die Avocado- und Tomatenwürfel, den Eisbergsalat, Knoblauch und die Frühlingszwiebel zusammen mit dem Dressing in eine Salatschüssel, und rühren Sie alles um.

Dekorieren Sie mit den Schnittlauchröllchen.

Möhren mit Joghurtdressing

Zutaten für 2 Portionen:

500 g Möhren, 120 ml Naturjoghurt, 1 Zwiebel, 2 EL Sesamöl, 1 EL Brottrunk, 4 EL fein gehackte Petersilie, etwas Salz und Pfeffer

Zubereitung:

Schneiden Sie die geschälten Möhren in ca. 1 cm dicke Scheiben, und kochen Sie diese in Salzwasser bissfest. Kühlen Sie die Möhren mit kaltem Wasser ab, damit sie nicht nachgaren.

Für das Dressing vermengen Sie den Joghurt mit dem Brottrunk, Sesamöl, Salz und Pfeffer.

Vermengen Sie das Dressing mit der fein gehackten Zwiebel und Petersilie, anschließend mit den Möhren.

Rote Bete-Salat mit Salzgurken

Zutaten für 4 Portionen:

750 g Rote Bete, 750 g Kartoffeln, 300 g Salzgurken, 1 Frühlingszwiebel, Sesamöl, Essig

Zubereitung:

Kochen Sie die gründlich abgebürstete und ungeschälte Rote Bete in Essigwasser gar. In einem separaten Topf kochen Sie die ungeschälten Kartoffeln in Wasser gar. Abgießen und etwas abkühlen lassen.

Schälen Sie die Kartoffeln und die Rote Bete, und raspeln Sie dies und die Salzgurken fein. Schneiden Sie die geputzte Frühlingszwiebel in feine Ringe, und vermengen Sie diese mit den Gemüseraspeln.

Schmecken Sie mit dem Sesamöl ab.

Quinoa-Salat

Zutaten:

1 Tasse Quinoa, 1 Frühlingszwiebel, 1 Zucchini, 2 Tomaten, Wasser, 2 Knoblauchzehen, 1 TL Zitronensaft, 2 EL Sesamöl, 1 TL Brottrunk, etwas Salz und Pfeffer

Zubereitung:

Waschen Sie die Quinoakörner gründlich in einem Sieb, und kochen Sie sie ca. 15 Minuten in Wasser gar.

Schneiden Sie die geputzte Frühlingszwiebel in feine Ringe, die geputzte und längsseitig halbierte Zucchini in dünne Scheiben und die Tomaten in Würfel.

Drücken Sie den Knoblauch durch eine Knoblauchpresse.

Für das Dressing vermengen Sie den Zitronensaft mit dem Sesamöl, Knoblauch, Brottrunk, Salz und Pfeffer.

Vermengen Sie die abgegossenen und abgekühlten Quinoakörner mit dem Gemüse, und rühren Sie das Dressing unter.

Papaya im Salatherz

Zutaten für 2 Portionen :

1 kleines Salatherz, 100 g Rucola, 1 Papaya, 2 EL Sesamöl, 1 TL Balsamico-Essig, 2 EL Sesamsamen

Zubereitung:

Schneiden Sie den gewaschenen Salat in grobe Stücke, und trocknen Sie diese in einer Salatschleuder.

Rösten Sie die Sesamsamen in einer fettfreien Pfanne kurz an.

Schneiden Sie die halbierte, geschälte und entkernte Papaya in Würfel.

Für die Marinade vermengen Sie das Sesamöl mit dem Balsamico-Essig. Richten Sie die Salatblätter auf 2 Tellern an. Verteilen Sie die Papayawürfel, Sesamsamen und die Marinade darüber.

Kürbis-Fenchel-Salat

Zutaten:

500 g Kürbis, 250 g Fenchel, 250 g Möhren, 1 Zwiebel, 120 ml Wasser, etwas Brottrunk, Sesamöl, Salz

Zubereitung:

Schneiden Sie das geputzte und geschälte Gemüse in Würfel. Kochen Sie die Möhren in Salzwasser gar.

Geben Sie den Kürbis und den Fenchel hinzu, kochen Sie nochmals auf, und lassen Sie dann garziehen.

Rühren Sie die Zwiebelwürfel und die restlichen Zutaten unter.

Sojasprossen mit Gurke und Tomate

Zutaten für 2 Portionen:

200 g Sojasprossen, 1 kleine Salatgurke, 2 kleine Tomaten, 1 EL helle Sojasoße, 2 EL Sesamöl, 2 EL Brottrunk, 2 TL Sesamsamen, etwas Salz und Pfeffer

Zubereitung:

Blanchieren Sie die gründlich gewaschenen Sojasprossen in Salzwasser kurz an. Schrecken Sie sie mit kaltem Wasser ab, und lassen Sie gut abtrocknen.

Rösten Sie die Sesamsamen in einer fettfreien Pfanne kurz an.

Halbieren Sie die Gurke längsseitig, löffeln Sie die Kerne aus, und schneiden Sie die Gurkenhälften in dünne Scheiben.

Schneiden Sie die gewaschenen und entkernten Tomaten in Würfel.

Für das Dressing vermengen Sie die Sojasoße mit dem Sesamöl, Brottrunk, Salz und Pfeffer.

Geben Sie alle Zutaten in eine Schüssel, und vermischen Sie diese gründlich.

Sahniger Gurkensalat

Zutaten:

1 Salatgurke, 6 EL Sahne, 2 EL Crème fraîche, je 1 EL Estragon, Dill und Petersilie, 2 EL grobe Haferflocken, 1 EL Gerstengraspulver, etwas Salz und Pfeffer

Zubereitung:

Halbieren Sie die geschälte Gurke längsseitig, schaben Sie die Kerne mit einem Löffel aus, und schneiden Sie die Gurkenhälften in dünne Scheiben.

Schlagen Sie die Sahne steif, heben Sie die fein gehackten Kräuter und Crème fraîche unter. Schmecken Sie mit Salz und Pfeffer ab.

Vermengen Sie das Dressing mit dem Gurkensalat, streuen Sie vor dem Servieren die Haferflocken und das Gerstengraspulver darüber.

Rohkost-Salat

Zutaten:

1 Möhre, 6 Radieschen, 1 kleine Zucchini, Saft von ½ Zitrone, 1 gelbe Paprikaschote, je 2 EL Kerbel und Kresse, 4 EL Sesamöl, etwas Moringapulver, Salz und Pfeffer

Zubereitung:

Schneiden Sie die geputzte Möhre, die Radieschen und die längsseitig halbierte Zucchini in Scheiben und die entkernte Paprikaschote in Streifen.

Für die Soße vermengen Sie den Zitronensaft mit dem Sesamöl und den Gewürzen.

Geben Sie das vorbereitete Gemüse mit dem Dressing in eine Schüssel, rühren Sie gründlich um, und lassen Sie den Salat einige Minuten durchziehen. Streuen Sie die fein gehackten Kräuter vor dem Servieren darüber.

Mozzarella auf Löwenzahn

Zutaten:

200 g frische Löwenzahnblätter (möglichst jung), 80 ml Joghurt, 1 Frühlingszwiebel, 2 Eier, 1 TL Senf, 125 g Mozzarella, Saft von 1 Zitrone, 2 Knoblauchzehen, etwas Salz und Pfeffer

Zubereitung:

Schneiden Sie die gut abgewaschenen Löwenzahnblätter in grobe Stücke und die geputzte Frühlingszwiebel in dünne Ringe. Drücken Sie die Knoblauchzehen durch eine Knoblauchpresse.

Schneiden Sie den Mozzarella in Würfel und die hart gekochten Eier in dünne Scheiben.

Für das Dressing verrühren Sie den Joghurt mit dem Zitronensaft, Knoblauch und Senf. Schmecken Sie mit Salz und Pfeffer ab.

Richten Sie die Löwenzahnblätter auf 2 Salattellern an. Verteilen Sie die Frühlingszwiebeln, Mozzarellawürfel, Eierscheiben und das Dressing darüber.

Zucchini-Salat

Zutaten:

250 g Zucchini, 4 EL Kresse, 1 EL Dill, 4 EL Olivenöl, 2 EL Brottrunk, etwas Salz und Pfeffer

Zubereitung:

Schneiden Sie die gewaschenen und längsseitig halbierten Zucchini in dünne Scheiben, und dünsten Sie diese ca. 5 Minuten in dem erhitzten Olivenöl an.

Lassen Sie die Zucchinischeiben abkühlen, und rühren Sie die restlichen Zutaten unter.

Tofu-Sojasprossen-Salat

Zutaten:

100 g Tofu, 1 Zucchini, 2 Möhren, 1 rote Zwiebel, 100 g Sojasprossen, 1 Frühlingszwiebel, 2 EL Sojasoße, 3 EL Olivenöl, 2 EL frische Minze, etwas Salz und Pfeffer

Zubereitung:

Verrühren Sie die Sojasoße mit dem Olivenöl, Salz und Pfeffer. Legen Sie den in Würfel geschnittenen Tofu einige Minuten in die Marinade ein.

Blanchieren Sie die gewaschenen Sojasprossen in Salzwasser kurz an. Schrecken Sie mit kaltem Wasser ab, danach gut abtropfen lassen.

Schneiden Sie die geputzte Frühlingszwiebel und die rote Zwiebel in feine Ringe. Raspeln Sie die Möhren und Zucchini grob.

Vermengen Sie das vorbereitete Gemüse mit der Marinade und den Tofuwürfeln. Streuen Sie die fein gehackte Minze darüber.

Fenchelsalat

Zutaten:

500 g Fenchel, 1 kleine Zwiebel, 120 ml Wasser, 2 Stängel Kerbel, etwas Salz, Fenchelgrün, Sesamöl und Brottrunk

Zubereitung:

Entfernen Sie die holzigen Stellen der Fenchelknolle, und kochen Sie sie ca. 20 Minuten in Salzwasser bissfest.

Hacken Sie die Zwiebel, das Fenchelgrün und den Kerbel fein.

Schneiden Sie die Knolle in feine Scheiben, und vermengen Sie diese mit den weiteren Zutaten.

Gurken in Brottrunk-Joghurt

Zutaten für 4 Portionen:

1 Salatgurke, 1 Frühlingszwiebel, 2 Becher Joghurt, 120 ml Brottrunk, etwas Kümmel, Pfeffer

Zubereitung:

Halbieren Sie die gewaschene Gurke längsseitig, löffeln Sie die Kerne aus, und schneiden Sie die Gurkenhälften in Würfel.

Schneiden Sie die geputzte Frühlingszwiebel in feine Ringe.

Mixen Sie den Joghurt mit dem Brottrunk, Pfeffer und dem Kümmel.

Vermengen Sie alle Zutaten miteinander.

Buntes Rohkost-Gemüse mit Dip

Zutaten:

1 Zucchini, 1 Möhre, 5 Radieschen, 2 Tomaten, 2 Stangen Staudensellerie, 120 ml Joghurt, ½ Zwiebel, 2 EL Sesamöl, 2 EL Crème fraîche, etwas Zitronensaft, Salz und Pfeffer

Zubereitung:

Putzen und waschen Sie das Gemüse. Schneiden Sie die Zucchini, Möhren und Radieschen in fingerlange Stäbchen, die Tomate in Achtel und die Staudensellerie in grobe Stücke.

Für den Dip vermengen Sie die fein gehackte Zwiebel mit den restlichen Zutaten.

Grüner Avocado-Salat mit Brottrunk-Dressing

Zutaten:

1 essreife Avocado, ½ Salatherz, ½ Lollo Rosso, 3 EL Mais, 2 Handvoll Feldsalat, 1 EL Sesamöl, 80 ml Brottrunk, 20 ml Wasser, 2 EL Joghurt, 2 Knoblauchzehen, 1 EL Moringapulver, etwas Salz und Pfeffer

Zubereitung:

Zupfen Sie die Salatblätter in mundgerechte Stücke, putzen Sie den Feldsalat. Trocknen Sie den Salat nach dem Waschen in einer Salatschleuder.

Schneiden Sie das Avocado-Fruchtfleisch in Würfel.

Für das Dressing mixen Sie den Brottrunk mit dem Wasser, Joghurt, Sesamöl, gepressten Knoblauch, Moringapulver, Salz und Pfeffer.

Geben Sie die Salatblätter mit dem Mais in eine Schüssel, heben Sie das Dressing unter. Verteilen Sie den Salat auf Tellern, garnieren Sie mit den Avocado-Würfeln.

Gemischtes Grün

Zutaten:

je 100 g Lollo Rosso, Rucola, Feldsalat, ½ Kästchen Kresse, 1 EL gehackter Kerbel, 3 EL Brottrunk, 2 EL Dickmilch, 1 EL Sesamöl, etwas Salz

Zubereitung:

Schneiden Sie den gewaschenen Lollo Rosso und Rucola in grobe Stücke. Putzen und waschen Sie den Feldsalat. Trocknen Sie den Salat in einer Salatschleuder.

Für die Marinade vermengen Sie den Brottrunk mit der Dickmilch, dem Sesamöl, Kerbel und Salz.

Richten Sie die Salatblätter auf 2 Tellern an. Verteilen Sie die Kresse und Marinade darüber.

Rote Bete-Kürbis-Salat

Zutaten für 2 Portionen:

2 Rote Bete, 120 g Kürbis, 1 Handvoll Schnittlauch, 1 EL Sesamöl, 1 EL Balsamico-Essig, etwas Salz und Pfeffer

Zubereitung:

Schneiden Sie die geschälte Rote Bete und das Kürbisfleisch in Würfel und den Schnittlauch in Röllchen.

Für das Dressing vermengen Sie den Balsamico-Essig mit dem Sesamöl, Salz und Pfeffer.

Heben Sie das Dressing unter das Gemüse, und streuen Sie den Schnittlauch darüber.

Kichererbsen-Salat mit Tomaten

Zutaten:

200 g getrocknete Kichererbsen, je 1 Liter Wasser und Gemüsebrühe (hefefrei), 2 kleine Zucchini, 2 Tomaten, 1 kleine Zwiebel, 2 TL gemahlener Kreuzkümmel, 3 EL Olivenöl, 2 EL Zitronensaft, 2 Knoblauchzehen, 2 EL gehackte Petersilie, etwas Salz und Pfeffer

Zubereitung:

Lassen Sie die Kichererbsen über Nacht im Wasser einweichen. Schütten Sie das Einweichwasser am nächsten Morgen weg.

Kochen Sie die Kichererbsen mit der Gemüsebrühe 2 – 3 Stunden weich. Schöpfen Sie nach ca. 90 Minuten den weißen Schaum an der Oberfläche ab. Geben Sie zum Ende der Kochzeit Kreuzkümmel hinzu.

Raspeln Sie die gewaschenen und ungeschälten Zucchini grob. Schneiden Sie die gewaschenen Tomaten in Würfel und die Zwiebel in feine Ringe.

Für das Dressing vermengen Sie den zerdrückten Knoblauch mit dem Olivenöl, Zitronensaft, Salz und Pfeffer.

Geben Sie das vorbereitete Gemüse in eine Schüssel, rühren Sie das Dressing unter, und streuen Sie die Petersilie darüber.

Meerrettich-Möhren

Zutaten:

500 g Möhren, 1 sauren Apfel, je 3 EL Meerrettich und Zitronensaft, 2 EL Leinöl, etwas Salz und Pfeffer

Zubereitung:

Raspeln Sie die geschälten Möhren und den gewaschenen Apfel fein.

Vermengen Sie den Zitronensaft mit dem Leinöl, Salz und Pfeffer. Rühren Sie den Meerrettich und die Möhren- und Apfelraspeln unter.

Gekochter Kohlrabi-Möhrensalat

Zutaten für 2 Portionen:

4 Kohlrabi, 2 Möhren, 2 Eier, 3 EL Sesamöl, 2 EL Brottrunk, 1 EL Gerstengraspulver, etwas Schnittlauch, Salz und Pfeffer

Zubereitung:

Kochen Sie den geschälten und in Streifen geschnittenen Kohlrabi mit den in Scheiben geschnittenen Möhren gar.

Schneiden Sie die hart gekochten Eier in Würfel.

Vermengen Sie das Sesamöl mit dem Brottrunk, dem fein gehackten Schnittlauch, Salz und Pfeffer.

Richten Sie das abgekühlte Gemüse auf Salattellern an. Verteilen Sie die Eierwürfel, das Gerstengraspulver und die Soße darüber.

Kartoffelsalat mit Brokkoli

Zutaten für 2 Portionen:

250 g Babykartoffeln, 250 g Brokkoli, 2 Möhren, 1 Frühlingszwiebel, 2 EL Olivenöl, je 1 EL Brottrunk, Wasser, Sesamöl, Sesamsamen, etwas Salz und Pfeffer

Zubereitung:

Kochen Sie die gewaschenen und ungeschälten Kartoffeln in Salzwasser gar. In einem separaten Topf kochen Sie den in Röschen geschnittenen Brokkoli gar.

Schneiden Sie die geputzten Möhren in dünne Scheiben und die geputzte Frühlingszwiebel in feine Ringe.

Rösten Sie die Sesamsamen in dem erhitzten Olivenöl an, geben Sie die abgegossenen Kartoffeln und den Brokkoli hinzu, und schwenken Sie dies einen kurzen Moment.

Geben Sie die Möhren mit der Frühlingszwiebel, dem Brottrunk, Wasser, Sesamöl und den Sesamsamen in eine Schüssel. Vermengen Sie dies, und heben Sie die Kartoffeln und den Brokkoli unter.

Geraspelter Pastinaken-Kohlrabi

Zutaten:

2 Kohlrabi, 1 Pastinake, je 2 EL Kerbel und Schnittlauch, etwas Dickmilch

Zubereitung:

Raspeln Sie den geschälten Kohlrabi und die Pastinake fein, und vermengen Sie dies mit der Dickmilch und den fein gehackten Kräutern.

Salat aus Okraschoten

Zutaten für 4 Portionen:

750 g Okraschoten, 2 Zwiebeln, 1 Bund Schnittlauch, 1 Bund Petersilie, 1 Bund Estragon, etwas Zitronensaft, Wasser, Essig, Olivenöl, Salz und Pfeffer

Zubereitung:

Köcheln Sie die geputzten Okraschoten ca. 15 Minuten in leicht gesalzenem Wasser mit etwas Zitronensaft.

Hacken Sie die gewaschenen Kräuter fein, und schneiden Sie die Zwiebeln in feine Ringe. Mischen Sie die Zwiebelringe mit den gut abgetropften Okraschoten.

Geben Sie die Kräuter in eine Essig-Olivenöl-Wasser-Mischung (1:1:1), und schmecken Sie mit Salz und Pfeffer ab. Verteilen Sie die Salatsoße über die Okraschoten.

Achtung:

Beim Putzen der Okraschoten ist besondere Sorgfalt gefragt. Sie dürfen nicht geöffnet werden, weil sonst ein Schleim austritt, der bewirkt, dass jegliche Flüssigkeit eindickt. Um dies zu verhindern, entfernen Sie ganz vorsichtig nur den Stielansatz und verarbeiten die Okraschoten dann im Ganzen weiter.

Kichererbsensalat mit Salzzitrone

Zutaten für 4 Portionen:

500 g Kichererbsen (gekocht), 1 Salzzitrone, 1-2 EL „Sirup" aus dem Salzzitronenglas, 2 Zwiebeln, 2 Knoblauchzehen, Zitronensaft, Petersilie, Thymian, Schnittlauch, Pfeffer, Würzmischung Ras el Hanout

Zubereitung:

Kochen Sie die eingeweichten Kichererbsen in etwas Wasser gar. Gießen Sie das Wasser ab, und lassen Sie die Kichererbsen abkühlen.

Schneiden Sie die Zwiebeln in feine Streifen, hacken Sie den Knoblauch fein.

Entfernen Sie das Fruchtfleisch der Salzzitrone, und schneiden Sie die Schale in sehr feine Streifen.

Hacken Sie die Petersilie und den Schnittlauch fein. Geben Sie alle Zutaten in eine genügend große Schüssel, und vermengen Sie gründlich.

Vermischen Sie den „normalen" Zitronensaft mit dem Thymian, Olivenöl und der der Würzmischung, und schmecken Sie mit dem Saft der Salzzitrone ab. Rühren Sie dies unter den Salat, und lassen Sie ca. 20 Minuten durchziehen.

Hinweis:

Getrocknete Kichererbsen werden über Nacht eingeweicht, das Einweichwasser wird weggekippt. 100 g getrocknete Kichererbsen ergeben ca. 220-250 g. Sie bleiben bissfester und schmecken besser als Kichererbsen aus der Dose (hier das Abtropfgewicht beachten). Diese sind sehr weich.

Tomatensalat mit Kichererbsen und Salzzitrone

Zutaten für 4 Portionen:

500 g Kichererbsen (gekocht), 500 g Kirschtomaten, 3 Gurken, 4 Paprikaschoten, 2 Knoblauchzehen, 2 Salzzitronen, 4 TL Salzzitronensirup, etwas Minze, Basilikum, Zitronensaft, Olivenöl, Salz

Zubereitung:

Kochen Sie die eingeweichten Kichererbsen in etwas Wasser gar. Gießen Sie das Wasser ab, und lassen Sie die Kichererbsen abkühlen.

Schneiden Sie die geputzten und entkernten Paprikaschoten in kleine Würfel, die geschälte Gurken in mundgerechte Stücke und die Kirschtomaten in Hälften.

Entfernen Sie das Fruchtfleisch der Salzzitrone, spülen Sie die Schale ab, und schneiden Sie diese in feine Streifen.

Hacken Sie den Knoblauch, die Minze und das Basilikum fein. Geben Sie alle Zutaten in eine genügend große Schüssel, und vermengen Sie gründlich.

Vermischen Sie den „normalen" Zitronensaft mit dem Thymian, Olivenöl und der der Würzmischung, und schmecken Sie mit dem Saft der Salzzitrone ab. Rühren Sie dies unter den Salat, und lassen Sie ca. 20 Minuten durchziehen.

Hinweis:

Getrocknete Kichererbsen werden über Nacht eingeweicht, das Einweichwasser wird weggekippt. 100 g getrocknete Kichererbsen ergeben ca. 220-250 g. Sie bleiben bissfester und schmecken besser als Kichererbsen aus der Dose (hier das Abtropfgewicht beachten). Diese sind sehr weich.

Tipp:

Variieren Sie den Salat mit Oliven, Mozzarella oder Feta.

Suppen

Kartoffelsuppe mit Mandeln

Zutaten:

500 g Kartoffeln, 2 Zwiebeln, 2 Knoblauchzehen, je 3 EL Mandelmus, Mandelblätter und Crème fraîche, 1 Liter Gemüsebrühe (hefefrei), etwas Butter, Salz und Pfeffer

Zubereitung:

Schneiden Sie die geschälten Kartoffeln, Zwiebeln und Knoblauchzehen in Würfel. Dünsten Sie die Zwiebel- und Knoblauchwürfel in der zerlassenen Butter an.

Rühren Sie die Kartoffeln und Gemüsebrühe unter, und kochen Sie die Suppe auf mittlerer Hitze ca. 25 Minuten. Nach leichtem Abkühlen pürieren Sie die Suppe mit einem Stabmixer und rühren das Mandelmus und Crème fraîche unter. Kochen Sie die Suppe nochmal kurz auf. Schmecken Sie mit Salz und Pfeffer ab. Verteilen Sie die Mandelblätter vor dem Servieren.

Fenchelsuppe mit Reis

Zutaten:

400 g Fenchel, 100 g Vollkornreis, 600 ml Gemüsebrühe (hefefrei), 1 Zwiebel, 4 Lorbeerblätter, 1 EL Olivenöl, etwas Salz und Pfeffer

Zubereitung:

Entfernen Sie den Strunk des gewaschenen Fenchels, und schneiden Sie die Knollen in kleine Stücke. Dünsten Sie diese zusammen mit der in Würfel geschnittenen Zwiebel in einem mit Olivenöl erhitzten Topf kurz an.

Löschen Sie mit der Gemüsebrühe ab, geben Sie die Lorbeerblätter hinzu, und lassen Sie die Suppe ca. 20 Minuten auf niedriger Stufe köcheln.

Entnehmen Sie die Lorbeerblätter, und pürieren Sie die Suppe mit einem Stabmixer. Kochen Sie nochmal kurz auf, und rühren Sie den zuvor gar gekochten Reis unter.

Schmecken Sie mit Salz und Pfeffer ab.

Kräuter-Buttermilchsuppe

Zutaten für 2 Portionen:

500 ml Buttermilch, 2 EL Mehl, 2 EL Butter, je 1 EL Dill, Schnittlauch und Petersilie, 1 EL Gemüsebrühepulver, etwas Salz und Paprika

Zubereitung:

Bereiten Sie mit der Butter und dem Mehl eine Mehlschwitze. Gießen Sie nach und nach die Buttermilch hinzu. Kochen Sie die Suppe bei stetigem Rühren auf, streuen Sie das Gemüsebrühepulver, Salz und Paprika ein. Lassen Sie die Suppe ca. 5 Minuten auf niedriger Stufe köcheln.

Geben Sie die fein gehackten Kräuter in die Suppenteller, richten Sie die Suppe darüber an.

Möhren-Kresse-Suppe

Zutaten:

3 Möhren, 750 ml Gemüsebrühe (hefefrei), 1 Kästchen Kresse, 2 Knoblauchzehen, 2 EL Butter, 2 EL Mehl, 1 Zwiebel, 2 EL Crème fraîche, etwas Curcumapulver, Salz und Pfeffer

Zubereitung:

Schneiden Sie die geputzten Möhren, die Zwiebel und Knoblauchzehen in Würfel. Dünsten Sie dies in der zerlassenen Butter an. Stäuben Sie das Mehl darüber, und gießen Sie mit der Gemüsebrühe auf.

Lassen Sie die Suppe ca. 10 Minuten köcheln, bis die Möhren bissfest sind. Rühren Sie Crème fraîche unter, und schmecken Sie mit den Gewürzen ab.

Legen Sie die abgeschnittene Kresse in die Suppenteller, und richten Sie die Suppe darüber an.

Zucchini-Kartoffel-Suppe mit Sahne

Zutaten für 4 Portionen:

1 kg Zucchini, 5 Kartoffeln, 1 – 1,5 Liter Wasser, 100 ml Sahne, 2 EL frischer Dill, etwas Salz und Pfeffer

Zubereitung:

Schneiden Sie geschälten Kartoffeln in Stücke und die geputzten und gewaschenen Zucchini in Scheiben. Geben Sie dies in einen Topf, füllen Sie diesen mit so viel Wasser auf, dass das Gemüse gut bedeckt ist. Lassen Sie so lange köcheln, bis die Kartoffeln gar sind.

Pürieren Sie mit einem Stabmixer cremig, schmecken Sie mit den Gewürzen ab, lassen Sie nochmal aufkochen. Heben Sie die geschlagene Sahne unter, und dekorieren Sie mit dem fein gehackten Dill.

Wildkräutersuppe

Zutaten für 4 Portionen:

10 große Kartoffeln, 3 Möhren, 10 Handvoll Bärlauch, 5 Handvoll Brennnessel-spitzen, 2 Handvoll Giersch, 2 Zwiebeln, etwas Schnittlauch, Olivenöl, Salz und Pfeffer

Zubereitung:

Schneiden Sie die geschälten Kartoffeln und Möhren in grobe Stücke und die Zwiebeln in Würfel.

Schwitzen Sie die Zwiebeln mit den Möhren in dem erhitzten Olivenöl an. Kochen Sie die Kartoffeln in Salzwasser gar.

Vermengen Sie die abgegossenen Kartoffeln und die in Streifen geschnittenen Wildkräuter mit der Möhrenmischung.

Pürieren Sie mit einem Stabmixer, sodass eine cremige Suppe entsteht. Kochen Sie nochmals kurz auf.

Garnieren Sie vor dem Servieren mit dem fein gehackten Schnittlauch.

Gemischter Gemüseeintopf

Zutaten:

4 Kartoffeln, 2 Möhren, 2 kleine Kohlrabi, ½ Lauchstange, 2 kleine Zwiebeln, 300 ml Gemüsebrühe (hefefrei), 2 EL Crème fraîche, 2 Stängel Petersilie, etwas Butter, Muskat, Salz und Pfeffer

Zubereitung:

Schneiden Sie die geschälten Kartoffeln, Möhren, Zwiebeln und den Kohlrabi in Würfel und die geputzte Lauchstange in feine Ringe.

Dünsten Sie die Zwiebelwürfel in der zerlassenen Butter an. Geben Sie die Kartoffeln, Möhren, Gemüsebrühe und den Kohlrabi hinzu.

Nach dem Aufkochen lassen Sie die Suppe auf mittlerer Stufe ca. 20 Minuten köcheln.

Rühren Sie Crème fraîche, die fein gehackte Petersilie und die Gewürze unter.

Bulgarische Joghurtsuppe

Zutaten für 2 Portionen:

250 ml Naturjoghurt, ½ Salatgurke, ½ Frühlingszwiebel, 2 Knoblauchzehen, 80 ml Wasser, 1 EL Sesamöl, etwas frische Petersilie und Dill, Salz und Pfeffer

Zubereitung:

Halbieren Sie die geschälte Gurke längsseitig, schaben Sie die Kerne mit einem Löffel aus, und raspeln Sie die Gurkenhälften grob.

Schneiden Sie die Knoblauchzehen, die geputzte Frühlingszwiebel, die Petersilie und den Dill klein. Verrühren Sie dies mit der Gurke, dem Joghurt, Wasser, Sesamöl, Salz und Pfeffer.

Kürbissuppe mit Kokos und Ingwer

Zutaten für 4 Portionen:

1 kg Kürbis, 2 Kartoffeln, 1 Stück Ingwer, 1 kleine Zwiebel, 1 Dose Kokosmilch (ohne Konservierungsstoffe), 2 Stängel Petersilie, Wasser, etwas Currypulver, Salz und Pfeffer

Zubereitung:

Schneiden Sie den geschälten und entkernten Kürbis und die geschälten Kartoffeln in mittelgroße Stücke.

Hacken Sie die Zwiebel und den Ingwer fein.

Erhitzen Sie den „Rahm" der Kokosmilch, und schwitzen Sie darin die Zwiebeln und den Ingwer mit dem Currypulver an. Rühren Sie den Kürbis und die Kartoffeln unter, und dünsten Sie ca. 5 Minuten.

Löschen Sie mit der restlichen Kokosmilch und etwas Wasser ab. Lassen Sie ca. 25 Minuten köcheln, bis das Gemüse weich ist.

Pürieren Sie mit einem Stabmixer, kochen Sie vor dem Servieren nochmal kurz auf.

Dekorieren Sie die Suppe mit der fein gehackten Petersilie.

Lauch-Kohlrabi-Suppe

Zutaten:

150 g Lauch, 2 Kohlrabi, 1 kleine Zwiebel, 3 Knoblauchzehen, 1,2 Liter Gemüsebrühe (hefefrei), 2 EL Crème fraîche, 20 g Mehl, 2 Stängel Kerbel fein gehackt, etwas Butter, Salz und Pfeffer

Zubereitung:

Schneiden Sie den geputzten Lauch in feine Ringe, den geschälten Kohlrabi, die Zwiebel und Knoblauchzehen in Würfel.

Dünsten Sie das Gemüse in der erhitzten Butter an. Stäuben Sie das Mehl darüber, und gießen Sie die Gemüsebrühe hinzu. Nach dem Aufkochen lassen Sie auf kleiner Stufe ca. 15 Minuten köcheln.

Pürieren Sie die Suppe mit einem Stabmixer. Kochen Sie die Suppe nochmals auf, und schmecken Sie mit den restlichen Zutaten ab.

Seelachs-Gemüsesuppe

Zutaten:

je 250 g Kartoffeln, Lauch und Möhren, 2 Zwiebeln, 700 ml Gemüsebrühe (hefefrei), 500 g Seelachs, 3 Knoblauchzehen, Saft von ½ Zitrone, 4 EL Olivenöl, 1 TL Moringapulver, etwas fein gehackter Dill, Muskat, Salz und Pfeffer

Zubereitung:

Schneiden Sie den geputzten Lauch in feine Ringe, die geschälten Kartoffeln, Möhren, Zwiebeln und Knoblauchzehen in Würfel.

Dünsten Sie die Zwiebeln- und Knoblauchwürfel in dem erhitzten Olivenöl an. Geben Sie die Kartoffeln, Möhren und den Lauch hinzu.

Löschen Sie mit der Gemüsebrühe ab, und lassen Sie ca. 15 Minuten auf niedriger Stufe köcheln.

Schneiden Sie die Fischfilets in mundgerechte Stücke, würzen Sie sie mit Zitronensaft, Salz und Pfeffer. Geben Sie die Fischstücke in die Suppe, köcheln Sie weitere ca. 10 Minuten bis der Fisch gar ist. Schmecken Sie mit Muskat und Moringapulver ab.

Garnieren Sie die Suppe mit dem fein gehackten Dill.

Möhren-Wildkräuter-Suppe

Zutaten für 4 Portionen:

500 g Möhren, 1 Liter Wasser, gemischte Kräuter (z. B. Löwenzahn, Vogelmiere, Weidenröschen, Giersch, Gänseblümchen, Taubnesseln, Brennnesseln Rotklee, Spitzwegerich, Schafgarbe, Sauerampfer, Frauenmantel, Bärlauch, Bärwurz), 2 TL gehackte Walnüsse, 2 EL Crème fraîche, 2 TL gehackte Petersilie, etwas Salz und Pfeffer

Zubereitung:

Schneiden Sie die geputzten und gewaschenen Möhren in grobe Stücke. Kochen Sie diese in dem Wasser auf, lassen Sie sie dann auf kleiner Stufe etwa 15 Minuten köcheln.

Pürieren Sie die gar gekochten Möhren mit einem Stabmixer. Kochen Sie die Suppe nochmal kurz auf. Rühren Sie die fein gehackten Kräuter und Crème fraîche unter. Schmecken Sie mit Salz und Pfeffer ab.

Garnieren Sie die Suppe vor dem Servieren mit den Walnüssen und der Petersilie.

Süßkartoffel-Kokos-Suppe

Zutaten für 4 Portionen:

3 große Süßkartoffeln (Bataten), 1 Dose Kokosmilch (ohne Konservierungsstoffe), Wasser, etwas Kreuzkümmel, Koriandergrün (gehackt), Curcumapulver, Salz und Pfeffer

Zubereitung:

Geben Sie die geschälten und in mittelgroße Stücke geschnittenen Süßkartoffeln in einen Topf. Gießen Sie so viel Wasser hinzu, dass die Kartoffelstücke gerade bedeckt sind. Rühren Sie ¾ der Kokosmilch und 2 Prisen Salz unter.

Lassen Sie 15 – 20 Minuten lang bei gelegentlichem Umrühren köcheln, bis die Süßkartoffeln gar sind.

Pürieren Sie die leicht abgekühlten Süßkartoffeln mit einem Stabmixer. Geben Sie gegebenenfalls etwas Wasser hinzu, bis die gewünschte Konsistenz erreicht ist. Kochen Sie die Suppe nochmal kurz auf, und schmecken Sie mit den Gewürzen ab.

Dekorieren Sie die Suppe vor dem Servieren mit der restlichen Kokosmilch und dem Koriandergrün.

Zucchini-Kresse-Suppe

Zutaten für 2 Portionen:

200 g Zucchini, 500 ml Gemüsebrühe (hefefrei), 1 Zwiebel, 2 EL Vollkornreis, 1 Schälchen Brunnenkresse, 2 EL Crème fraîche, 1 TL Kokosöl, 1 TL Moringapulver, etwas Salz und Pfeffer

Zubereitung:

Schneiden Sie die Zwiebel und Zucchini in grobe Würfel. Dünsten Sie die Zwiebelwürfel in einer mit Kokosöl erhitzten Pfanne an. Gießen Sie die Gemüsebrühe auf.

Rühren Sie die Zucchini unter, und lassen Sie ca. 15 Minuten lang köcheln. Kochen Sie den Reis in einem separaten Topf gar.

Geben Sie die Brunnenkresse zur Suppe, dann pürieren Sie mit einem Stabmixer.

Rühren Sie 2 EL Crème fraîche und den Reis unter, kochen Sie die Suppe nochmal kurz auf.

Schmecken Sie mit dem Moringapulver, Salz und Pfeffer ab.

Gemischte Kürbissuppe

Zutaten:

600 g Kürbis, 2 Möhren, 1 Kohlrabi, 1 Tomate, 1 Zwiebel, 4 Knoblauchzehen, 1,2 Liter Gemüsebrühe (hefefrei), 30 g Mehl, 1 Päckchen frische Kresse, etwas Moringapulver, Butter, Salz und Pfeffer

Zubereitung:

Schneiden Sie den Kürbis, Kohlrabi, die Möhren, Zwiebel und Knoblauchzehen in Würfel, und dünsten Sie diese in der erhitzten Butter an.

Stäuben Sie das Mehl darüber, und rühren Sie die enthäutete und in grobe Stücke geschnittene Tomate unter.

Gießen Sie die Gemüsebrühe hinzu, und lassen Sie auf kleiner Stufe 15 Minuten köcheln, und weitere 10 Minuten ohne Stromzufuhr ziehen. Schmecken Sie mit Moringapulver und den Gewürzen ab.

Garnieren Sie die Suppe mit der Kresse

Kartoffel-Lauch-Suppe

Zutaten:

1 Stange Lauch, 250 g Kartoffeln, 5 Stängel Kerbel, 700 ml Gemüsebrühe (hefefrei), 200 ml Sahne, 2 EL Crème fraîche, 1 EL Moringapulver, etwas Salz und Pfeffer

Zubereitung:

Schneiden Sie die geputzte Lauchstange in feine Ringe und die geschälten Kartoffeln in Würfel. Geben Sie dies in die kochende Gemüsebrühe, und lassen Sie die Suppe auf kleiner Stufe ca. 30 Minuten köcheln.

Nach dem Abkühlen pürieren Sie die Suppe mit einem Stabmixer, streichen sie durch ein Sieb. Kochen Sie die Suppe nochmals auf.

Nehmen Sie den Topf von der Herdplatte, rühren Sie die Sahne und Crème fraîche unter, anschließend den fein gehackten Kerbel und das Moringapulver. Schmecken Sie mit Salz und Pfeffer ab.

Brennnessel-Lauch-Suppe

Zutaten:

200 g frische Brennnesselblätter, 1 Stange Lauch, 2 Kartoffeln, 2 kleine Zwiebeln, 2 Knoblauchzehen, 3 EL saure Sahne, etwas Olivenöl, Moringapulver, Salz und Pfeffer

Zubereitung:

Schneiden Sie den geputzten Lauch in feine Ringe und die gewaschenen Brennnesselblätter und geschälten Kartoffeln in grobe Stücke.

Dünsten Sie die in Würfel geschnittenen Zwiebeln und Knoblauchzehen in dem erhitzten Olivenöl an. Geben Sie das vorbereitete Gemüse hinzu, gießen Sie die Gemüsebrühe auf, und lassen Sie ca. 30 Minuten köcheln.

Nach dem Abkühlen pürieren Sie die Suppe mit einem Stabmixer, kochen die Suppe nochmals auf und schmecken mit Moringapulver, Salz und Pfeffer ab. Dekorieren Sie die Suppe mit der sauren Sahne.

Tipp:

Sammeln Sie die Brennnesseln nicht direkt am Straßenrand und beliebten Spazierwegen, sondern in geschützten Lagen. Pflücken Sie die Brennnesseln mit Handschuhen.

Brottrunk-Suppe mit geraspeltem Gemüse

Zutaten:

1 Zucchini, ½ Bund Radieschen, 2 Möhren, ½ Frühlingszwiebel, 1 Zwiebel, 200 ml Brottrunk, 150 ml Wasser, 1 TL Enzym-Ferment-Getreide (z. B. von der Firma Kanne®), 3 EL Crème fraîche, 1 Handvoll Schnittlauch, etwas Olivenöl

Zubereitung:

Raspeln Sie die geputzten Möhren, Zucchini und Radieschen grob. Schneiden Sie die geputzte Frühlingszwiebel in feine Ringe und den Schnittlauch in Röllchen.

Dünsten Sie die fein gehackte Zwiebel mit der Frühlingszwiebel in dem erhitzten Olivenöl an. Gießen Sie den Brottrunk und das Wasser hinzu, und rühren Sie die Gemüseraspeln unter. Köcheln Sie die Suppe auf niedriger Stufe ca. 15 Minuten.

Schmecken Sie mit Crème fraîche, Salz, Pfeffer und dem Enzym-Ferment-Getreide ab. Streuen Sie vor dem Servieren den Schnittlauch über die Suppe.

Sauerampfersuppe

Zutaten für 4 Portionen:

300 g Sauerampfer, 4 Kartoffeln, 40 g Butter, 2 Eigelb, 1,5 Liter Gemüsebrühe (hefefrei), 3 Esslöffel Sahne, Salz

Zubereitung:

Schneiden Sie die Kartoffeln in kleine Würfel. Dünsten Sie den gewaschenen Sauerampfer in etwas heißer Butter an, bis ein Brei entstanden ist. Dabei ständig rühren, damit nichts anbrennt.

Löschen Sie mit der Gemüsebrühe ab, und bringen Sie die Suppe zum Kochen. Geben Sie die Kartoffeln hinzu, und kochen Sie diese gar.

Passieren Sie die Suppe. Verrühren Sie das Eigelb mit der Sahne und etwas heißer Suppe. Geben Sie dies in die Suppe, und lassen Sie auf kleiner Flamme abbinden. Bringen Sie die Suppe nicht zum Kochen, und rühren Sie ständig. Geben Sie dann die restliche Butter hinzu.

Avocadosuppe

Zutaten für 4 Portionen:

750 g Kartoffeln, 100 g Pinienkerne, 100 g Frischkäse, 1-2 essreife Avocados, etwas Salz, Pfeffer, Petersilie

Zubereitung:

Schneiden Sie die geschälten Kartoffeln in mundgerechte Stücke. Kochen Sie diese in leicht gesalzenem Wasser gar. Pürieren Sie die Kartoffeln mit einem Stabmixer, und rühren Sie den Frischkäse unter. Erhitzen Sie die Suppe nochmal kurz.

Schneiden Sie das Fruchtfleisch der Avocados in feine Würfel, und geben Sie diese in die Suppe. Streuen Sie die in einer fettfreien Pfanne angerösteten Pinienkerne über die angerichtete Suppe. Mit Salz und Pfeffer abschmecken.

Artischockensuppe

Zutaten für 4 Portionen:

2 kg frische Artischockenherzen, 500 g Kartoffeln, 2 Zwiebeln, 2 Knoblauchzehen, 300 ml Sahne, etwas Crème fraîche, Olivenöl, Zitronensaft, Wasser, Salz und Pfeffer

Zubereitung:

Vierteln Sie die gewaschenen und geputzten Artischocken, und reiben Sie sie sofort mit Zitronensaft ein.

Geben Sie die Artischocken mit dem restlichen Zitronensaft in leicht gesalzenes Wasser, und lassen Sie ca. 40 Minuten köcheln. Gießen Sie dann ab, und fangen Sie das Kochwasser auf.

Schneiden Sie die geschälten Kartoffeln in mundgerechte Stücke. Hacken Sie die Zwiebeln und den Knoblauch fein. Dünsten Sie dies in dem erhitzten Olivenöl an. Geben Sie die Kartoffelstücke hinzu, und löschen Sie mit Wasser ab.

Geben Sie ½ Liter Artischockenwasser hinzu, und lassen Sie auf kleiner Stufe ca. 15 Minuten köcheln. Nehmen Sie den Topf von der Herdplatte, und pürieren Sie die Suppe mit einem Stabmixer. Rühren Sie die Sahne unter, und schmecken Sie mit den Gewürzen ab. Kochen Sie die Suppe nochmals kurz auf.

Geben Sie vor dem Servieren einen Klecks Crème fraîche auf die angerichtete Suppe.

Salbeisuppe

Zutaten für 4 Portionen:

100 g Reis, 1 Liter Gemüsebrühe (hefefrei), 3 Knoblauchzehen, 2 Zweige Salbei, 2 Lorbeerblätter, 1 Zweig Thymian, 1-2 Eigelb, 1-2 Esslöffel Sahne, etwas Olivenöl, nach Belieben etwas geriebener Parmesan

Zubereitung:

Dünsten Sie den gepressten Knoblauch in etwas erhitztem Olivenöl an. Löschen Sie mit der Gemüsebrühe ab, und geben Sie die Kräuter im Ganzen und den Reis hinzu. Lassen Sie so lange köcheln, bis der Reis gar ist. Entfernen Sie die Kräuter aus der Suppe.

Verrühren Sie das Eigelb mit der Sahne und etwas heißer Suppe.

Geben Sie dies zur Suppe, und lassen Sie auf kleiner Flamme abbinden. Bringen Sie die Suppe nicht zum Kochen, und rühren Sie ständig.

Nach Wunsch mit Parmesan bestreut servieren.

Gemüse-Nudel-Suppe

Zutaten für 4 Portionen:

100 g Vollkornnudeln, 2 Zwiebeln, 4 Möhren, 2 Zucchini, 5 Tomaten, 2 Paprikaschoten, 1,5 Liter Gemüsebrühe (hefefrei), frische Kräuter (Schnittlauch, Petersilie, Pimpinelle), etwas Olivenöl, Salz und Pfeffer

Zubereitung:

Schwitzen Sie die in Würfel geschnittenen Zwiebeln in erhitztem Olivenöl kurz an. Löschen Sie mit der Gemüsebrühe ab, und lassen Sie aufkochen.

Schneiden Sie das geputzte Gemüse in mundgerechte Stücke. Kochen Sie die Möhren kurz mit, dann die Zucchini und die Nudeln.

Nach weiteren 5 Minuten geben Sie die Paprikaschoten und Tomaten hinzu. Schmecken Sie mit den Gewürzen ab. Servieren Sie die Suppe, wenn die Nudeln gar gekocht sind.

Streuen Sie erst kurz vor dem Essen die frisch gehackten Kräuter über die angerichtete Suppe.

Asiatischer Kartoffeleintopf

Zutaten für 4 Portionen:

1 kg Kartoffeln, 500 ml Kokosmilch (ohne Zusatzstoffe), 300 g Zuckerschoten, 400 g Möhren, 300 g Champignons, 2 Zwiebeln, 50 g frischer Ingwer, etwas Kokosöl, Curcumapulver, Salz, Pfeffer und Sesam

Zubereitung:

Schneiden Sie die geschälten Kartoffeln in mundgerechte Stücke, die Zwiebeln und den Ingwer in kleine Würfel, die geputzten Möhren und Champignons in feine Scheiben und die Zuckerschoten in Streifen.

Dünsten Sie die Zwiebeln, Kartoffeln und den Ingwer in erhitztem Kokosöl kurz an. Geben Sie Curcuma hinzu, und löschen Sie mit etwas Wasser und der Kokosmilch ab.

Kochen Sie die Suppe auf, und lassen Sie auf kleiner Stufe köcheln, bis die Kartoffeln gar sind. Pürieren Sie die Suppe mit einem Stabmixer.

Dünsten Sie das übrige Gemüse in einer Pfanne mit wenig Öl an. Beginnen Sie mit den Möhren, dann geben Sie die Champignons und anschließend die Zuckerschoten hinzu. Schmecken Sie mit Salz und Pfeffer ab. Heben Sie das Gemüse unter die Suppe, und schmecken Sie nochmals ab.

Bestreuen Sie die angerichtete Suppe mit dem in einer fettfreien Pfanne gerösteten Sesam.

Gemüsebeilagen

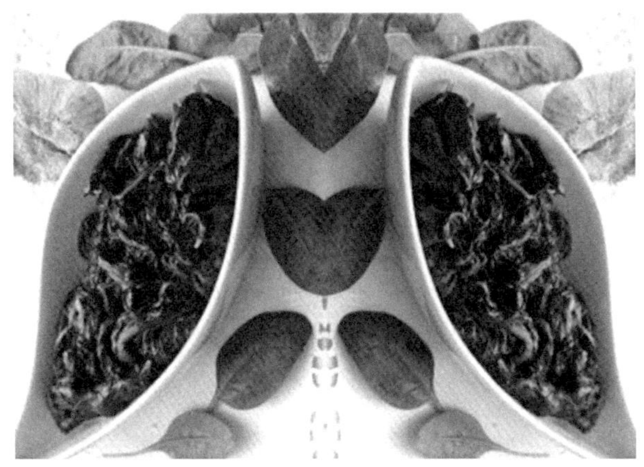

Fenchel in Brühe

Zutaten:

500 g Fenchel, 250 ml Gemüsebrühe (hefefrei), 120 ml Wasser, je 20 g Butter und Mehl, etwas gehacktes Fenchelkraut, Salz und Zitronensaft

Zubereitung:

Schneiden Sie den geputzten Fenchel in feine Scheiben, und kochen Sie diese in Salzwasser gar.

Für die Mehlschwitze lassen Sie die Butter in einem Topf schmelzen. Ziehen Sie den Topf von der Platte, rühren Sie das Mehl ein, und löschen Sie mit der Gemüsebrühe ab. Lassen Sie unter ständigem Rühren nochmal kurz aufkochen.

Heben Sie die Fenchelscheiben unter, und lassen Sie sie einige Minuten durchziehen. Schmecken Sie mit dem Fenchelkraut, Salz und Zitronensaft ab.

Auberginen-Tomaten

Zutaten:

250 g Tomaten, 350 g Auberginen, 2 kleine Zwiebeln, 2 Knoblauchzehen, etwas Butter, Salz und Curcumapulver

Zubereitung:

Schneiden Sie die gewaschenen, halbierten und entstielten Auberginen in Scheiben und die enthäuteten Tomaten in grobe Stücke.

Dünsten Sie die Auberginenscheiben zusammen mit den Zwiebel- und Knoblauchwürfeln in der erhitzten Butter an. Rühren Sie die Tomaten unter, und lassen Sie ca. 5 Minuten auf kleiner Stufe köcheln.

Schmecken Sie mit den Gewürzen ab.

Mangold in Gemüsebrühe

Zutaten:

700 g Mangold, 500 ml Gemüsebrühe (hefefrei), 120 ml Wasser, 30 g Butter, 30 g Mehl, etwas Salz

Zubereitung:

Schneiden Sie den geputzten Mangold in fingerlange Streifen, und kochen Sie diese in Salzwasser gar.

Für die Soße lassen Sie die Butter in einem Topf schmelzen. Ziehen Sie den Topf von der Platte, rühren Sie das Mehl ein, und löschen Sie mit der Gemüsebrühe ab.

Heben Sie den Mangold unter, und lassen Sie nochmal kurz aufkochen, danach auf der abgestellten Herdplatte einige Minuten ziehen lassen.

Spinat-Joghurt

Zutaten:

500 g frischer Spinat, 500 ml Naturjoghurt, 2 Knoblauchzehen, 1 EL Olivenöl, ½ Zwiebel, etwas Curcumapulver, Salz und Pfeffer

Zubereitung:

Dünsten Sie den fein gehackten Knoblauch und die Zwiebelwürfel in dem erhitzten Olivenöl an. Rühren Sie die Gewürze unter, und geben Sie den geputzten Spinat hinzu. Dünsten Sie so lange, bis der Spinat zusammengefallen ist.

Rühren Sie den Joghurt unter.

Tipp:

Der Spinat-Joghurt schmeckt gut zu Kartoffeln und Reis.

Lauchgemüse

Zutaten:

650 g Lauch, 1 EL Butter, je 2 EL Sahne und Wasser, etwas Salz und Mehl

Zubereitung:

Schneiden Sie den geputzten Lauch in fingerlange Stücke. Kochen Sie diese in Wasser, Butter und etwas Salz auf. Lassen Sie auf kleiner Stufe ca. 10 Minuten köcheln.

Rühren Sie die Sahne und das Mehl unter, und lassen Sie das Lauchgemüse auf der ausgeschalteten Herdplatte noch einige Minuten ziehen.

Möhren-Süßkartoffel-Püree

Zutaten für 4 Portionen:

6 große Süßkartoffeln, 4 Möhren, 2 EL Crème fraîche, etwas Salz und Pfeffer, nach Belieben etwas Koriander und Kümmel

Zubereitung:

Schneiden Sie die geputzten Möhren und Süßkartoffeln in Würfel, und kochen Sie diese in leicht gesalzenem Wasser gar.

Pürieren Sie das leicht abgekühlte Gemüse mit einem Stabmixer. Rühren Sie Crème fraîche und die Gewürze unter und nach Belieben etwas Koriander und Kümmel.

Tipp:

Das Möhren-Süßkartoffel-Püree schmeckt gut zu Gurkensalat, Fisch oder Spiegelei.

Süßkartoffel-Zucchini-Türmchen

Zutaten:

2 große Süßkartoffeln, 2 Zucchini, 5 EL Olivenöl, 3 Knoblauchzehen, etwas Rosmarin, Muskat, Butter, Salz und Pfeffer

Zubereitung:

Schneiden Sie die gewaschenen Zucchini in Scheiben und die geschälten Süßkartoffeln in grobe Stücke.

Kochen Sie die Kartoffelstücke in Salzwasser gar.

Verrühren Sie das Olivenöl mit Rosmarin, Salz und Pfeffer. Geben Sie die Zucchinischeiben hinzu, und verrühren Sie so lange, bis alle Zucchinischeiben mit dem Öl bedeckt sind.

Backen Sie die Zucchinischeiben auf einem mit Backpapier belegten Blech ca. 10 Minuten im vorgeheizten Backofen bei 190 °C.

Vermengen Sie die Butter mit dem gepressten Knoblauch, Salz, Pfeffer und Muskat. Rühren Sie die gekochten Süßkartoffeln unter, und verarbeiten Sie dies zu einem Brei mit einer streichbaren Konsistenz.

Bestreichen Sie die gebackenen Zucchinischeiben mit der Kartoffelmasse, legen Sie die nächste Zucchinischeibe darauf, streichen Sie weitere Kartoffelmasse darauf und so weiter.

Bauen Sie die Türmchen nach Belieben in die Höhe.

Tipp:

Die Zucchini-Türmchen passen sehr gut zu Reis mit Tomatensoße.

Schmorgurken in Dillsoße

Zutaten:

500 g Gurke, 120 ml Buttermilch, 1 EL Butter, etwas Dill und Petersilie, bei Bedarf etwas Mehl

Zubereitung:

Schneiden Sie die halbierten, geschälten und entkernten Gurken in grobe Stücke. Dünsten Sie diese in der Butter an.

Rühren Sie die Buttermilch und etwas Salz unter. Lassen Sie auf kleiner Stufe ca. 10 Minuten gar köcheln.

Wenn zu viel Flüssigkeit auftritt, geben Sie nach Bedarf etwas Mehl zum Andicken hinzu.

Rühren Sie den gehackten Dill unter.

Chicorée in Semmelbröseln

Zutaten:

750 g Chicorée, 200 ml Gemüsebrühe (hefefrei), 100 g Butter, 6 EL Semmelbrösel

Zubereitung:

Halbieren Sie den geputzten Chicorée der Länge nach, und entfernen Sie den Strunk. Schneiden Sie den Chicorée in breite Streifen, und kochen Sie diese in der Gemüsebrühe ca. 10 Minuten gar.

Rösten Sie die Semmelbrösel in der erhitzten Butter an. Verteilen Sie diese über dem abgetropften und auf Tellern angerichteten Chicorée.

Koriander-Polenta

Zutaten:

150 g Polenta, 350 ml Wasser, 1 Ei, 2 EL Koriandergrün, 20 g Butter, etwas Muskat, Salz und Pfeffer

Zubereitung:

Rühren Sie die Polenta zusammen mit etwas Muskat in das kochende Salzwasser ein. Lassen Sie die Polenta auf niedriger Stufe und bei gelegentlichem Umrühren aufquellen.

Verquirlen Sie das Ei mit der Butter und dem fein gehackten Koriandergrün. Vermengen Sie dies mit der Polenta, und schmecken Sie mit den Gewürzen ab.

Brennnesselspinat cremig

Zutaten für 4 Portionen:

500 g frische Brennnesseln (möglichst junge Triebspitzen), 100 ml Dickmilch, 50 g Butter, 100 ml Schmand, 4 EL Mandelblätter, etwas Muskat, Salz und Pfeffer

Zubereitung:

Blanchieren Sie die gründlich gewaschenen Brennnesseln kurz, und dünsten Sie sie dann in der zerlassenen Butter an, bis sie weich sind.

Rühren Sie die Dickmilch und den Schmand unter, und schmecken Sie mit den Gewürzen ab.

Garnieren Sie vor dem Servieren mit den Mandelblättern.

Tipp:

Zum Brennnesselspinat passen gut Salzkartoffeln.

Möhren-Tzatziki

Zutaten für 4 Portionen:

1 kg Möhren, 3 Knoblauchzehen, 2 Becher Naturjoghurt, 1 Becher Crème fraîche, etwas Salz und Pfeffer

Zubereitung:

Raspeln Sie die geputzten Möhren fein. Geben Sie die Knoblauchzehen durch eine Knoblauchpresse. Vermengen Sie die geraspelten Möhren mit dem Knoblauch, Joghurt, Crème fraîche, etwas Salz und Pfeffer.

Tipp:

Zu dem Möhren-Tzatziki passen sehr gut Pellkartoffeln.

Brennnesselgemüse in Brühe

Zutaten:

700 g frische Brennnesseln, 1 Zwiebel, 4 Knoblauchzehen, 200 ml Gemüsebrühe (hefefrei), 2 EL Mehl, 3 EL Crème fraîche, etwas Butter, Salz, Oregano und geriebene Muskatnuss

Zubereitung:

Dünsten Sie die geputzten und gewaschenen Brennnesseln in der erhitzten Butter ca. 15 Minuten auf niedriger Stufe.

In einem separaten Topf dünsten Sie in etwas erhitzter Butter die in Würfel geschnittene Zwiebel und Knoblauchzehen an. Stäuben Sie das Mehl darüber, und rühren Sie Crème fraîche und die Gemüsebrühe unter. Kochen Sie kurz auf, und geben Sie die Brennnesseln hinzu.

Schmecken Sie mit den Gewürzen ab.

Champignons mit Erdnuss-Avocado-Creme

Zutaten für 4 Portionen:

500 g Champignons mit möglichst großen Köpfen, 1 Avocado, 4 EL Sojasoße, 80 g Erdnüsse, Wasser, Zitronensaft, Weißweinessig, Öl, frische Basilikumblätter, Curcumapulver, Nelkenpulver, Salz und Pfeffer

Zubereitung:

Weichen Sie die geschälten und gehäuteten Erdnüsse für mindestens 6 Stunden ein.

Lösen Sie die Stiele aus den geputzten Champignons heraus.

Für die Marinade verrühren Sie etwas Zitronensaft mit der Sojasoße und dem Öl. Bestreichen Sie damit die Champignonhüte von allen Seiten. Sollte von der Marinade ein Rest bleiben, geben Sie diesen in die Champignonköpfe. Lassen Sie die Marinade ca. 30 Minuten ziehen.

Pürieren Sie die Erdnüsse mit etwas Wasser. Geben Sie mehr Wasser hinzu, wenn die Konsistenz zu dick ist.

Hacken Sie die Basilikumblätter klein, lösen Sie das Fruchtfleisch der Avocado mit einem Löffel aus der Schale, und vermengen Sie beides mit der Erdnusspaste, bis eine cremige Masse entsteht. Mit etwas Zitronensaft abschmecken.

Entfernen Sie die Marinade aus den Champignonhüten, und befüllen Sie diese mit der Erdnuss-Avocado-Creme.

Tipp:

Garnieren Sie die Champignonhüte mit Kräuterblättern wie Wildkräuter oder „normale" Küchenkräuter oder mit essbaren Blüten wie Gänseblümchen oder Blüten vom Borretsch.

Überbackene Artischocken

Zutaten für 4 Portionen:

700 g Artischocken aus der Dose, 600 g Tomaten, 4 Schalotten, 4 Knoblauchzehen, 3 EL Essig, 100 ml Olivenöl, Kräuter (Basilikum, Majoran, Thymian, ...), Käse zum Überbacken, etwas Salz und Pfeffer

Zubereitung:

Hacken Sie die Schalotten und Knoblauchzehen fein, und dünsten Sie dies kurz in etwas erhitztem Olivenöl an.

Geben Sie die enthäuteten und in grobe Stücke geschnittenen Tomaten hinzu, und lassen Sie 5 bis 10 Minuten schmoren. Rühren Sie den Essig und etwas Olivenöl ein. Nehmen Sie den Topf von der Herdplatte, und schmecken Sie mit den Gewürzen und Kräutern ab.

Schneiden Sie die abgetropften Artischocken in grobe Stücke. Richten Sie diese in einer leicht eingefetteten Auflaufform an, gießen Sie die erkaltete Tomatensoße darüber. Lassen Sie dies 3 bis 4 Stunden lang marinieren.

Verteilen Sie den Käse über die Artischocken, und backen Sie im vorgeheizten Backofen bei ca. 190 °C, bis der Käse zerlaufen ist.

Kohlrabi mit Soße

Zutaten:

500 g Kohlrabi, 250 ml Gemüsebrühe (hefefrei), 60 ml Wasser, je 20 g Butter und Mehl, 1 EL gehackter Dill, etwas Salz

Zubereitung:

Schneiden Sie den geschälten Kohlrabi in dünne Scheiben, und kochen Sie diese zusammen mit den fein gehackten zarten Kohlrabiblättchen in Salzwasser gar.

Für die Soße lassen Sie die Butter in einem Topf schmelzen. Ziehen Sie den Topf von der Platte, rühren Sie das Mehl ein, und löschen Sie mit der Gemüsebrühe ab. Lassen Sie unter ständigem Rühren nochmal kurz aufkochen.

Rühren Sie die Kohlrabischeiben unter, und lassen Sie sie einige Minuten durch-ziehen. Schmecken Sie mit dem fein gehackten Dill und Salz ab.

Buttermöhren

Zutaten:

8 Möhren, 4 EL Mandelblätter, etwas Butter, Salz und Pfeffer

Zubereitung:

Schneiden Sie die geputzten Möhren in Scheiben, und dünsten Sie diese in der zerlassenen Butter, bis sie bissfest sind. Würzen Sie mit Salz und Pfeffer.

Rösten Sie die Mandelblätter in einem fettfreien Topf an, und streuen Sie diese über die angerichteten Möhren.

Auberginen mit Knoblauch gegrillt

Zutaten:

3 Auberginen, 8 Knoblauchzehen, 5 EL geriebener Parmesan, 1 Kästchen Kresse, 5 EL Olivenöl, etwas Paniermehl, Salz und Pfeffer

Zubereitung:

Schneiden Sie die geputzten Auberginen längsseitig in fingerdicke Scheiben. Bestreuen Sie diese beidseitig mit Salz, lassen Sie ca. 10 Minuten einwirken.

Nach dem Abwaschen trocknen Sie die Auberginenscheiben ab und grillen sie ca. 10 Minuten auf einem eingefetteten Rost im vorgeheizten Backofengrill bei 220 °C.

Mischen Sie den gepressten Knoblauch mit Olivenöl, Parmesan, Paniermehl, Salz und Pfeffer.

Wenden Sie die Auberginen, und verteilen Sie darauf die Knoblauch-Käsemasse.

Grillen Sie die Auberginen weitere ca. 10 Minuten. Streuen Sie die Kresse vor dem Servieren über die Auberginen.

Gedünstete Lauch-Möhren

Zutaten:

500 g Möhren, 1 kleine Stange Lauch, etwas Butter, Wasser, Curcumapulver und Salz

Zubereitung:

Schneiden Sie den geputzten Lauch in feine Ringe und die abgeschabten Möhren in dünne Scheiben. Dünsten Sie dies in einem mit Butter erhitzten und mit etwas Wasser aufgefüllten Topf, bis die Möhren bissfest sind. Schmecken Sie mit etwas Curcumapulver und Salz ab.

Basilikum-Kartoffeln

Zutaten:

400 g kleine Kartoffeln, ½ Bund Basilikum, 3 Knoblauchzehen, etwas Olivenöl und geraspelter Parmesan

Zubereitung:

Vermengen Sie den fein geschnittenen Knoblauch mit dem klein gezupften Basilikum und 2 EL Olivenöl.

Halbieren Sie die gut gebürsteten und gewaschenen Kartoffeln längsseitig.

Bestreichen Sie das Backblech mit Olivenöl und die Schnittflächen der Kartoffeln mit der Basilikumsoße. Legen Sie die Kartoffeln mit der Schnittfläche nach oben auf das Backblech. Streuen Sie den Parmesan darüber.

Backen Sie die Kartoffeln im nicht vorgeheizten Backofen ca. 40 Minuten bei 180 °C.

Einfaches Okragemüse

Zutaten für 4 Portionen:

500 g Okraschoten, 500 ml Kokosmilch (ohne Konservierungsstoffe), 2 Zwiebeln, 4 Knoblauchzehen, 2 TL Curry (mild), 1 TL Curcuma, ½ TL Bockshornkleesamen, etwas Öl oder Ghee

Zubereitung:

Hacken Sie die Zwiebeln und den Knoblauch fein. Dünsten Sie dies in dem erhitzten Öl oder Ghee an. Dann geben Sie die geputzten Okraschoten mit den Gewürzen hinzu und dünsten alles zusammen.

Löschen Sie mit der Kokosmilch ab, und schmecken Sie nochmals mit den Gewürzen ab. Lassen Sie leicht köcheln, bis die Okraschoten gar sind.

Achtung:

Beim Putzen der Okraschoten ist besondere Sorgfalt gefragt, denn sie dürfen nicht geöffnet werden, weil sonst ein Schleim austritt, der bewirkt, dass jegliche Flüssigkeit eindickt. Um dies zu verhindern, entfernen Sie ganz vorsichtig nur den Stielansatz und verarbeiten die Okraschoten dann im Ganzen weiter.

Grillpaprika mit Salzzitronen

Zutaten für 4 Portionen:

1 kg Paprikaschoten, 3 Knoblauchzehen, 3 Salzzitronen (Schale), etwas Olivenöl, gehackte Petersilie, Kreuzkümmel (gemahlen), Pfeffer

Zubereitung:

Schneiden Sie die gegrillten und anschließend gehäuteten Paprikaschoten in kleine Würfel. Lassen Sie diese ca. 30 Minuten ruhen. Geben Sie den fein gehackten Knoblauch und fein gehackte Zitronenschale zusammen mit den restlichen Zutaten zu den Paprikawürfeln. Vermengen Sie alles gründlich.

Kichererbsen-Okra-Gemüse

Zutaten für 4 Portionen:

250 g getrocknete Kichererbsen, 250 g Okraschoten, 250 g Möhren, 2 Paprikaschoten, 1 Dose Gemüsemais, 1 Gemüsezwiebel, etwas Sesamöl Paprika edelsüß, Curcuma, Thymian, 2 Lorbeerblätter, Salz, Pfeffer

Zubereitung:

Kochen Sie die eingeweichten Kichererbsen knapp mit Wasser bedeckt, bis sie gar sind. Gießen Sie das Kochwasser ab.

Hacken Sie die Zwiebel fein, schneiden Sie die geschälten Möhren in dünne Scheiben und die entkernten Paprikaschoten in Würfel. Erhitzen Sie etwas Sesamöl, dünsten Sie darin die Zwiebel. Geben Sie die Möhren, Paprikawürfel und das Curcuma hinzu, dünsten Sie weitere ca. 3 Minuten. Dann rühren Sie die übrigen Gemüse- und Gewürzsorten mit Ausnahme der Kichererbsen unter. Lassen sie auf kleiner Stufe ca. 10 Minuten köcheln.

Entnehmen Sie die Lorbeerblätter, vermengen Sie das Gemüse mit den gekochten Kichererbsen. Füllen Sie nach Bedarf mit Wasser auf. Schmecken Sie nochmals mit den Gewürzen ab.

Hinweis:

Getrocknete Kichererbsen werden über Nacht eingeweicht, das Einweichwasser wird weggekippt. 100 g getrocknete Kichererbsen ergeben ca. 220-250 g. Sie bleiben bissfester und schmecken besser als Kichererbsen aus der Dose (hier das Abtropfgewicht beachten). Diese sind sehr weich.

Achtung:

Beim Putzen der Okraschoten ist besondere Sorgfalt gefragt, denn sie dürfen nicht geöffnet werden, weil sonst ein Schleim austritt, der bewirkt, dass jegliche Flüssigkeit eindickt. Um dies zu verhindern, entfernen Sie ganz vorsichtig nur den Stielansatz und verarbeiten die Okraschoten dann im Ganzen weiter.

Okraschoten mit Tomaten

Zutaten für 4 Portionen:

500 g Okraschoten, 250 g Tomaten, 2 Zwiebeln, 2 Knoblauchzehen, 1 Stück Ingwer, Wasser, etwas Olivenöl, Koriandergrün (gehackt), Kreuzkümmel (gemahlen), Fenchelsamen (gemahlen), Curcuma, Salz

Zubereitung:

Braten Sie die geputzten Okraschoten in etwas erhitztem Olivenöl an. Dann beiseite stellen.

Dünsten Sie die fein gehackten Zwiebeln in etwas Olivenöl an, dann geben Sie den in Würfel geschnittenen Knoblauch und den fein geraspelten Ingwer hinzu. Dünsten Sie dies kurz mit.

Geben Sie anschließend Kreuzkümmel, Koriander, Fenchel und Curcuma hinzu. Dünsten Sie kurz mit, dann füllen Sie mit den in Stücke geschnittenen Tomaten auf. Lassen Sie köcheln, bis die Masse dickflüssig ist.

Geben Sie die Okraschoten und etwas Salz hinzu. Füllen Sie mit etwas Wasser auf. Lassen Sie auf kleiner Stufe köcheln, bis die Okraschoten gar sind und die Soße angedickt ist. Schmecken Sie nochmals ab. Rühren Sie die gehackten Korianderblätter ein.

Achtung:

Beim Putzen der Okraschoten ist besondere Sorgfalt gefragt. Sie dürfen nicht geöffnet werden, weil sonst ein Schleim austritt, der bewirkt, dass jegliche Flüssigkeit eindickt. Um dies zu verhindern, entfernen Sie ganz vorsichtig nur den Stielansatz und verarbeiten die Okraschoten dann im Ganzen weiter.

Achtung:

Kreuzkümmel kann nicht durch „normalen" Kümmel ersetzt werden, da er ein sehr eigenes Aroma hat.

Gemüsesoßen

Auberginen-Kichererbsen-Soße

Zutaten für 4 Portionen:

2-3 Auberginen, 250 g Kichererbsen, 500 g Tomaten, 2 Knoblauchzehen, etwas Olivenöl, Pfeffer, Salz, Thymian, Basilikum

Zubereitung:

Schneiden Sie die geputzten Auberginen in Scheiben. Salzen Sie diese auf einem Teller, und beschweren Sie sie, sodass Wasser austreten kann. Tupfen Sie nach ca. 30 Minuten das ausgetretene Wasser ab.

Dünsten Sie die Auberginen in etwas erhitztem Olivenöl an, geben Sie den fein gehackten Knoblauch hinzu, und löschen Sie mit etwas Wasser ab.

Geben Sie die enthäuteten und in grobe Stücke geschnittenen Tomaten und Kichererbsen hinzu. Schmecken Sie mit Salz und Pfeffer ab. Lassen Sie einige Minuten auf kleiner Stufe köcheln. Bestreuen Sie die angerichtete Soße mit den fein gehackten frischen Kräutern.

Die Auberginen-Kichererbsen-Soße schmeckt gut zu Pasta oder Reis.

Hinweis:

Getrocknete Kichererbsen werden über Nacht eingeweicht, das Einweichwasser wird weggekippt. 100 g getrocknete Kichererbsen ergeben in etwa 220-250 g. Sie bleiben bissfester und schmecken besser als Kichererbsen aus der Dose (hier das Abtropfgewicht beachten). Diese sind sehr weich.

Soße aus Tempeh und Champignons

Zutaten für 4 Portionen:

250 g Tempeh, 3 Knoblauchzehen, 2 Zwiebeln, 500 g Champignons, 1 Stück Ingwer, etwas Olivenöl, Curcumapulver, Garam Masala, Sojasoße

Zubereitung:

Legen Sie den in Stücke geschnittenen Tempeh mindestens für 30 Minuten in eine Marinade aus Sojasoße, Gewürzen und Knoblauch. Je länger die Einwirkzeit, umso intensiver wird der Geschmack.

Schneiden Sie die geputzten Champignons und Zwiebeln in Scheiben.

Dünsten Sie die Tempehstücke mit den Zwiebeln in erhitztem Öl kurz an. Geben Sie die den fein geraspelten Ingwer, die Champignons und Marinade hinzu. Dünsten Sie so lange, bis die gewünschte Konsistenz erreicht ist. Abschmecken und mit Reis oder Nudeln servieren.

Auberginensoße

Zutaten für 4 Portionen:

1 kg Auberginen, 4 Knoblauchzehen, 1 kg frische Tomaten, etwas Olivenöl, Salz, Pfeffer, Basilikum

Zubereitung:

Schwitzen Sie die geputzten und in Würfel geschnittenen Auberginen in etwas erhitztem Olivenöl 7 bis 8 Minuten an.

Geben Sie den gepressten Knoblauch und die enthäuteten und in grobe Stücke geschnittenen Tomaten und Auberginen hinzu. Kochen Sie kurz auf, und lassen Sie dann auf kleiner Stufe köcheln, bis das Gemüse gar ist. Schmecken Sie mit den Gewürzen ab.

Die Auberginensoße schmeckt gut zu Pasta oder Reis.

Tomatensoße

Zutaten für 4 Portionen:

400 g Tomaten, 1 Zwiebel, 3 EL Butter, 3 EL Tomatenmark, etwas Wasser, Mehl, Pfeffer und Salz

Zubereitung:

Schneiden Sie die unter heißem Wasser gehäuteten Tomaten in kleine Stücke. Dünsten Sie diese zusammen mit der fein gehackten Zwiebel in der erhitzten Butter an. Stäuben Sie das Mehl darüber, lassen Sie dies eine Weile mitdünsten, dann mit Wasser ablöschen. Lassen Sie ca. 20 Minuten auf kleiner Stufe köcheln.

Geben Sie die Tomatenmasse durch ein Sieb, rühren Sie das Tomatenmark in die wieder erhitzte Tomatensoße, schmecken Sie mit Salz und Pfeffer ab. Die Tomatensoße schmeckt gut zu Kartoffeln, Nudeln und Reis.

Kümmelsoße

Zutaten:

500 ml Gemüsebrühe (hefefrei), 2 EL Kümmel, 2 EL Essig, 1 Eigelb, 30 g Mehl, 30 g Butter, etwas Salz

Zubereitung:

Kochen Sie das Wasser mit dem Essig und Kümmel auf, und lassen Sie dann ca. 50 Minuten auf niedriger Stufe köcheln.

Bereiten Sie in einem separaten Topf eine Mehlschwitze aus der erhitzten Butter und dem Mehl. Gießen Sie dies mit der kochenden Kümmelbrühe auf. Lassen Sie auf kleiner Stufe köcheln, dann sieben Sie die Soße durch. Verquirlen Sie das Eigelb in der nicht mehr kochenden Soße. Schmecken Sie mit etwas Salz ab. Die Kümmelsoße schmeckt zu verschiedenen Kartoffelgerichten.

Vegetarische Hauptgerichte

Kartoffeln mit Roter Bete

Zutaten für 2 Portionen:

5 Kartoffeln, 2 Rote Bete, 2 Stängel Kerbel, 3 Knoblauchzehen, ½ Salzzitrone, etwas Essig, Leinöl, Pfeffer

Zubereitung:

Kochen Sie die ungeschälte und gründlich abgebürstete Rote Bete in Essigwasser und in einem separaten Topf die geschälten und in Würfel geschnittenen Kartoffeln in Salzwasser gar.

Ziehen Sie die Schale der gar gekochten Roten Bete ab, schneiden Sie sie in Würfel, und vermengen Sie diese mit den Kartoffeln.

Rühren Sie die in kleine Stücke geschnittene Salzzitrone, den fein gehackten Knoblauch, Kerbel und Salz und Pfeffer unter. Träufeln Sie nach Belieben das Leinöl darüber.

Pastinaken-Auflauf

Zutaten für 2 Portionen:

300 g Pastinaken, 200 g Zucchini, 100 g geriebener Parmesan, etwas Olivenöl, Salz und Pfeffer

Zubereitung:

Schneiden Sie die geputzten Pastinaken und Zucchini in 1 cm dicke Scheiben. Füllen Sie diese in eine eingefettete Auflaufform, träufeln Sie etwas Olivenöl darüber, würzen Sie leicht mit Salz und Pfeffer, und decken Sie mit dem geriebenen Parmesan ab.

Backen Sie den Auflauf ca. 15 Minuten im vorgeheizten Backofen bei 180 °C.

Sellerie-Reis

Zutaten:

200 g Vollkornreis, 200 g Sellerie, 1 Zwiebel, 500 ml Gemüsebrühe (hefefrei), 2 EL Butter, 2 EL gehackte Petersilie, etwas Salz

Zubereitung:

Schneiden Sie den geschälten Sellerie und die Zwiebel in Würfel.

Dünsten Sie die Zwiebelwürfel und den Reis in der zerlassenen Butter an, und gießen Sie die Gemüsebrühe auf. Kochen Sie kurz auf, danach ca. 20 Minuten auf niedriger Stufe köcheln lassen.

Kochen Sie den Sellerie in Salzwasser gar. Vermengen Sie den gar gekochten und gut abgetropften Sellerie mit dem Reis. Streuen Sie die gehackte Petersilie darüber.

Überbackene Auberginen

Zutaten:

2 Auberginen, 2 Tomaten, 2 Eier, 3 EL Schmand, 1 Kugel Mozzarella, etwas Olivenöl, Salz und Pfeffer

Zubereitung:

Schneiden Sie die gewaschenen Auberginen in Scheiben, und geben Sie diese in eine eingefettete Auflaufform.

Mixen Sie die Eier mit dem Schmand und etwas Salz, und gießen Sie dies über die Auberginenscheiben.

Verteilen Sie die in Scheiben geschnittenen Tomaten darüber, würzen Sie mit etwas Pfeffer. Belegen Sie die Tomaten mit dem in Scheiben geschnittenen Mozzarella.

Backen Sie im vorgeheizten Backofen bei 180 °C, bis der Mozzarella geschmolzen ist.

Risotto mit Mairübchen, Bärlauch und Safran

Zutaten für 4 Portionen:

400 g Risottoreis, 4 Maisrübchen, 2 Zwiebeln, 2 Knoblauchzehen, 50 g Bärlauch, Wasser, 1 – 2 g Safranfäden, etwas Olivenöl, Butter, Salz und Pfeffer

Zubereitung:

Bringen Sie 1 Liter Wasser zum Kochen.

Schneiden Sie die Zwiebeln und die geputzten Mairübchen in Würfel und den Knoblauch in feine Streifen.

Dünsten Sie die Zwiebeln und den Knoblauch in erhitztem Olivenöl an. Geben Sie den ungekochten Reis und die Mairübchen dazu. Dünsten Sie dies kurz mit, löschen Sie mit etwas Wasser ab, und lassen Sie auf niedriger Stufe köcheln.
Geben Sie nach und nach das heiße Wasser hinzu, lassen Sie dies erst einkochen, bevor sie weiteres Wasser auffüllen. Rühren Sie regelmäßig um, damit das Risotto nicht anbrennt. Schmecken Sie mit Salz und Pfeffer ab.

Lösen Sie die fein gemörserten Safranfäden in etwas warmem Wasser auf.

Schneiden Sie den gewaschenen Bärlauch in feine Streifen.

Sobald der Reis gar gekocht ist, nehmen Sie den Topf von der Herdplatte. Geben Sie etwas weiteres Wasser hinzu, wenn der Reis zu trocken ist.

Rühren Sie das Safranwasser mit den Fäden, den Bärlauch und etwas Butter ein. Schmecken Sie nochmals mit Salz und Pfeffer ab.

Italienische Vollkorn-Spaghetti

Zutaten für 4 Portionen:

500 g Vollkornspaghetti, 500 g Kirschtomaten, 200 g Oliven, 2 Knoblauchzehen, 1 Mozzarella-Kugel, italienische Kräuter, Olivenöl, Salz, Pfeffer

Zubereitung:

Kochen Sie die Spaghetti entsprechend der Packungsanweisung gar. Schneiden Sie die gewaschenen Tomaten in Viertel, den Knoblauch und die Oliven in Streifen und den Mozzarella in Würfel.

Dünsten Sie die Kräuter, Tomaten und Oliven in dem erhitzten Olivenöl an. Achten Sie darauf, dass die Tomaten nicht zerkochen. Schmecken Sie mit Salz und Pfeffer ab, und mischen Sie die Tomatenmischung und den Mozzarella unter die abgegossenen Spaghetti.

Rote Bete-Curry

Zutaten:

4 Rote Bete, 1 Kohlrabi, 1 Tomate, 1 Zwiebel, 100 ml Kokosmilch (ohne Konservierungsstoffe), 400 ml Gemüsebrühe (hefefrei), 1 TL Curcumapulver, etwas Olivenöl, Essig, Kreuzkümmel, Paprika und Salz, 1 EL Kokosraspeln

Zubereitung:

Kochen Sie die ungeschälte und gründlich abgebürstete Rote Bete in Essigwasser gar.

In einem separaten Topf dünsten Sie die in Würfel geschnittene Zwiebel in dem erhitzten Olivenöl an. Gießen Sie die Gemüsebrühe auf, rühren Sie die in grobe Stücke geschnittene Tomate und die in Streifen geschnittene Kohlrabi unter. Lassen Sie auf niedriger Stufe ca. 15 Minuten köcheln, bis das Gemüse bissfest ist. Geben Sie die geschälte und in Würfel geschnittene Rote Bete, die Kokosmilch, Kokosraspeln und Gewürze hinzu.

Nudel-Gemüsepfanne

Zutaten für 2 Portionen:

120 g Vollkornnudeln, 1 kleine Zucchini, 1 rote Paprika, 1 Frühlingszwiebel, 100 g Brokkoli, 150 ml Gemüsebrühe (hefefrei), 1 rote Zwiebel, 1 TL Kräutersalz, 3 EL Butter, etwas Olivenöl

Zubereitung:

Kochen Sie die Nudeln entsprechend der Packungsanweisung in Salzwasser gar.

Schneiden Sie die geputzte Zucchini und entkernte Paprikaschote in mundgerechte Stücke, den Brokkoli in Röschen und die Zwiebeln in Ringe.

Dünsten Sie die rote Zwiebel in dem erhitzten Olivenöl an. Geben Sie das weitere vorbereitete Gemüse hinzu, und löschen Sie mit der Gemüsebrühe ab. Lassen Sie auf niedriger Stufe köcheln, bis das Gemüse bissfest ist.

Vermengen Sie die Butter mit dem Kräutersalz, und rühren Sie dies zusammen mit dem Gemüse unter die gar gekochten und gut abgetropften Nudeln.

Kartoffelgemüse in Kokosmilch

Zutaten:

300 g Kartoffeln, 400 g Zucchini, 2 Möhren, 400 ml Kokosmilch (ohne Konservierungsstoffe), 100 ml Wasser, 1 EL Kokosflocken, 2 EL Currypaste, 1 TL Curcumapulver, etwas Salz und Pfeffer

Zubereitung:

Schneiden Sie die geschälten Kartoffeln und Möhren und die gewaschenen Zucchini in Scheiben.

Geben Sie die Kartoffeln mit der Kokosmilch, dem Wasser, der Currypaste und dem Curcumapulver in einen Topf, und lassen Sie 10 Minuten auf mittlerer Stufe köcheln. Geben Sie die Zucchini- und Möhrenscheiben hinzu, köcheln Sie so lange, bis das Gemüse bissfest ist.

Rühren Sie die Kokosflocken ein, und schmecken Sie mit Salz und Pfeffer ab.

Currysahne-Spaghetti

Zutaten:

200 g Spaghetti (Vollkorn), 1 Zucchini, 1 Möhre, 1 Zwiebel, 1 TL Curcumapulver, 120 ml Sahne, 2 TL Currypulver, etwas Olivenöl, Salz

Zubereitung:

Kochen Sie die Spaghetti entsprechend der Packungsbeschreibung gar.

Schneiden Sie die Zucchini, Möhre und Zwiebel in Würfel. Schwitzen Sie die Zwiebel in dem erhitzten Olivenöl an. Geben Sie die Zucchini- und Möhrenwürfel hinzu, und dünsten Sie diese ca. 5 Minuten.

Rühren Sie die Sahne und die Gewürze unter. Lassen Sie so lange auf niedriger Stufe köcheln, bis das Gemüse bissfest ist. Heben Sie die abgeschütteten und gut abgetropften Nudeln unter.

Buchweizenkascha mit Champignons

Zutaten für 4 Portionen:

200 g Buchweizen, 50 g Butter, 400 g Champignons, 2 Zwiebeln, 500 ml Wasser, 1 Ei, etwas Dill, Salz und Pfeffer

Zubereitung:

Vermengen Sie den verlesenen Buchweizen mit dem Ei. Erwärmen Sie dies in einer beschichteten Pfanne auf kleiner Stufe unter ständigem Rühren, bis die Masse leicht gebräunt ist.

Geben Sie das Wasser und die Butter hinzu, und lassen Sie aufkochen. Dann auf kleiner Stufe ca. 20 Minuten köcheln lassen, bis das Wasser verkocht ist. Rühren Sie gelegentlich um, damit der Buchweizen nicht anbrennt.

Die Champignons und die Zwiebeln putzen und klein schneiden. Geben Sie ein wenig Wasser in eine Pfanne, und dünsten Sie darin die Zwiebeln und die Champignons weich, bis kaum noch Flüssigkeit vorhanden ist.

Die Champignons mit dem Dill unter die Kascha mischen und mit Salz und Pfeffer abschmecken.

Reisnudeln mit Brokkoli und Romanesco

Zutaten für 2 Portionen:

200 g Reisnudeln, je 100 g Brokkoli und Romanesco, ½ Zwiebel, 2 EL Mandelblätter, Wasser, etwas Olivenöl, Paprika, Salz und Pfeffer

Zubereitung:

Kochen Sie die Reisnudeln entsprechend der Packungsanleitung gar. Schneiden Sie den Brokkoli und Romanesco in kleine Röschen und die Zwiebel in Würfel. Kochen Sie den Brokkoli und Romanesco in Salzwasser gar.

Schwitzen Sie die Zwiebelwürfel in einer mit Olivenöl erhitzten Pfanne an. Geben Sie das gekochte Gemüse und die Mandelblätter hinzu. Schmecken Sie mit den Gewürzen ab.

Geben Sie die gut abgeschütteten Nudeln auf vorgewärmte Teller, und verteilen Sie das Gemüse darüber.

Spiralnudeln mit Champignons

Zutaten:

350 g Spiralnudeln (Vollkorn), 200 g frische Champignons, 1 Zwiebel, 2 Knoblauchzehen, 2 EL Olivenöl, 2 EL gehackte Petersilie, etwas Curcumapulver, Salz und Pfeffer

Zubereitung:

Kochen Sie die Nudeln entsprechend der Packungsanweisung in Salzwasser gar.

Schneiden Sie die Zwiebel und Knoblauchzehen in Würfel, und dünsten Sie diese in dem erhitzten Olivenöl an. Geben Sie die geputzten und in Scheiben geschnittenen Champignons hinzu. Lassen Sie ca. 10 Minuten köcheln, geben Sie in den letzten 3 Minuten die Petersilie hinzu. Schmecken Sie mit den Gewürzen ab. Vermengen Sie die Champignonmasse mit den Nudeln.

Kartoffel-Zucchini-Topf

Zutaten für 2 Portionen:

500 g fest kochende Kartoffeln, 2 Zucchini, 2 Möhren, 1 Zwiebel, 1 Stück Ingwer, 500 ml Gemüsebrühe (hefefrei), 1 EL Olivenöl, 1 TL Paprikapulver, etwas Kreuzkümmel, Salz und Pfeffer

Zubereitung:

Schneiden Sie die geschälten Kartoffeln, Möhren und Zucchini in mundgerechte Stücke. Hacken Sie die Zwiebel fein, raspeln Sie den Ingwer auf einer Reibe.

Schwitzen Sie die Zwiebel in dem erhitzten Olivenöl an. Geben Sie das vorbereitete Gemüse hinzu, gießen Sie die Gemüsebrühe auf.

Geben Sie die Gewürze hinzu, und lassen Sie ca. 30 Minuten auf mittlerer Stufe bei gelegentlichem Umrühren köcheln, bis das Gemüse die gewünschte Konsistenz hat.

Schmecken Sie mit den Gewürzen ab.

Kräuter in Zucchini

Zutaten:

2 Zucchini, 2 Kugeln Mozzarella, je ½ Bund Petersilie und Basilikum, 2 Knoblauchzehen, etwas Olivenöl, Paniermehl

Zubereitung:

Halbieren Sie die gewaschenen Zucchini längsseitig, löffeln Sie die Kerne aus, und legen Sie die Zucchini mit der Schnittfläche nach oben in eine eingefettete Auflaufform.

Hacken Sie die Kräuter und den Knoblauch fein, und vermengen Sie dies mit den Zucchini-Kernen, etwas Olivenöl und Paniermehl.

Füllen Sie die Kräutermischung in die Zucchini-Hälften, und verteilen Sie den in Würfel geschnittenen Mozzarella darüber. Backen Sie die Zucchini im vorgeheizten Backofen bei 180 °C, bis der Mozzarella geschmolzen ist.

Gemüse-Champignon-Pfanne

Zutaten für 4 Portionen:

5 Möhren, 2 Kohlrabi, 3 Lauchzwiebeln, 25 große Champignons, 400 ml Sojasahne, 3 Knoblauchzehen, Kräuter nach Belieben, Wasser, etwas Salz und Pfeffer

Zubereitung:

Schneiden Sie den geputzten Kohlrabi und Möhren in mundgerechte Stücke und die Lauchzwiebeln in Ringe. Kochen Sie dies mit etwas Wasser gar. Das Wasser sollte dabei weitestgehend verdampfen.

Geben Sie die geputzten und geviertelten Champignons hinzu, und lassen Sie so lange köcheln, bis auch das Wasser der Pilze verdampft ist.

Schmecken Sie mit Salz und Pfeffer ab.

Löschen Sie mit der Sojasahne und 100 ml Wasser ab, und geben Sie den Knoblauch hinzu.

Kochen Sie nochmals auf, nehmen Sie die Pfanne von der Herdplatte, und heben Sie die fein gehackten Kräuter unter.

Tipp:

Die Gemüse-Champignon-Pfanne schmeckt zu Nudeln oder Reis.

Orientalisches Rote Bete-Süßkartoffel-Gratin

Zutaten für 4 Portionen:

750 g Rote Bete, 2 große Süßkartoffeln, 200 ml Schlagsahne, 200 g geriebener Käse, 200 ml Schmand, 2 Knoblauchzehen, 1 Stück Ingwer, etwas Essig, Curcumapulver, Kreuzkümmel, Salz und Pfeffer

Zubereitung:

Kochen Sie die ungeschälte und gründlich abgebürstete Rote Bete in Essigwasser gar. Ziehen Sie die Schale der gar gekochten Roten Bete ab, und schneiden Sie sie in Würfel.

Kochen Sie die geschälten und in etwas größere Stücke geschnittenen Süßkartoffeln in Wasser gar, bis sie leicht bissfest sind. Überprüfen Sie öfter, weil Süßkartoffeln sehr schnell garen.

Für die Soße hacken Sie den Knoblauch und Ingwer fein, und vermengen dies mit dem Schmand und der Sahne. Schmecken Sie mit den Gewürzen ab.

Geben Sie das Gemüse in eine Auflaufform, verteilen Sie die Soße darüber und dann den Käse.

Backen Sie den Auflauf ca. 20 Minuten im vorgeheizten Backofen bei 170 °C, bis der Käse zerlaufen und goldgelb ist.

Paprika-Reis

Zutaten für 2 Portionen:

100 g Reis, 2 rote Paprikaschoten, 2 Tomaten, 2 Knoblauchzehen, 2 Stängel Petersilie, 1 Zwiebel, 3 EL Mais (aus der Dose), 1 EL Gemüsebrühepulver (hefefrei), 3 EL Paprikamark, 1 EL Olivenöl, Wasser, etwas Paprikapulver, Salz und Pfeffer

Zubereitung:

Rühren Sie das Gemüsebrühepulver in Wasser ein, und kochen Sie darin den Reis entsprechend der Packungsanweisung gar.

Schneiden Sie die Tomaten, Paprikaschoten, Zwiebel und Knoblauchzehen in kleine Würfel.

Dünsten Sie die Zwiebel- und Knoblauchwürfel in der mit Olivenöl erhitzten Pfanne an. Rühren Sie die Tomaten- und Paprikawürfel mit dem Mais und etwas Wasser ein. Lassen Sie 5 Minuten auf niedriger Stufe köcheln. Wenn das Gemüse nicht knackig gewünscht wird, lassen Sie einige Minuten länger köcheln.

Geben Sie das Paprikamark und den abgegossenen Reis hinzu, schmecken Sie mit den Gewürzen ab, und lassen Sie kurz aufkochen.

Heben Sie die fein gehackte Petersilie unter.

Überbackener Chicorée

Zutaten:

4 Chicorée, 2 kleine Tomaten, 1 Zucchini, 1 Mozzarella-Kugel, 200 ml Gemüsebrühe (hefefrei), etwas Olivenöl, Salz und Pfeffer

Zubereitung:

Halbieren Sie den geputzten Chicorée längsseitig. Entfernen Sie den bitteren Strunk, und kochen Sie den Chicorée in der Gemüsebrühe ca. 10 Minuten gar. Schneiden Sie die blanchierten und enthäuteten Tomaten in grobe Stücke, die Zucchini in Würfel und den Mozzarella in dünne Scheiben.

Legen Sie den gut abgetropften Chicorée in eine eingefettete Auflaufform. Verteilen Sie die gewürzten Tomaten, Zucchini und abschließend den Mozzarella darüber. Backen Sie den Auflauf ca. 15 Minuten im vorgeheizten Backofen bei 180 °C.

Buntes Gemüse überbacken

Zutaten:

750 g gemischtes Gemüse (z. B. Brokkoli, Lauch, Chicorée, Möhren, Kartoffeln, Pastinaken, grüner Spargel, Paprikaschoten), 120 ml Milch, 100 g geriebener Edamer, 40 g Mehl, etwas Butter, Curcumapulver, Muskat, Paprika, Salz und Pfeffer

Zubereitung:

Schneiden Sie das geputzte Gemüse in grobe Stücke, und kochen Sie es in Salzwasser bissfest. Bereiten Sie aus dem Mehl und etwas Butter eine helle Schwitze. Löschen Sie diese mit dem Gemüsewasser und der Milch ab. Rühren Sie den geriebenen Edamer und die Gewürze unter.

Geben Sie das Gemüse in eine mit Butter eingefettete Auflaufform. Verteilen Sie die Soße darüber, und backen Sie den Auflauf im vorgeheizten Backofen ca. 20 Minuten bei 190 °C.

Kohlrabi-Kartoffelauflauf

Zutaten:

je 350 g Kartoffeln und Kohlrabi, 2 kleine Zwiebeln, 100 ml Sahne, 3 Knoblauchzehen, 20 ml Wasser, 100 g geriebener Edamer, 1 TL Curcumapulver, etwas Olivenöl, Muskat, Salz und Pfeffer, gehackte frische Kräuter

Zubereitung:

Schneiden Sie die geschälten Kartoffeln, den Kohlrabi, die Zwiebeln und Knoblauchzehen in Scheiben.

Kochen Sie die Kartoffeln in Salzwasser bissfest. Geben Sie die Kohlrabischeiben die letzten 10 Minuten hinzu.

Geben Sie das die abgegossenen Kartoffel- und Kohlrabischeiben zusammen mit den Zwiebeln und dem Knoblauch schichtweise in eine eingefettete Auflaufform. Würzen Sie jede Schicht mit Salz und Pfeffer.

Vermengen Sie die Sahne mit dem Wasser und den Gewürzen, und gießen Sie dies über den Auflauf. Verteilen Sie abschließend den geriebenen Edamer darüber.

Backen Sie den Auflauf ca. 25 Minuten im vorgeheizten Backofen bei 180 °C. Streuen Sie vor dem Servieren die gehackten Kräuter über den Auflauf.

Gemüse-Nudeln überbacken

Zutaten:

150 g Vollkornnudeln, 1 rote Paprikaschote, 1 kleine Zucchini, 6 Champignons, 2 Möhren, 100 ml Gemüsebrühe (hefefrei), 1 kleine Zwiebel, 100 g geriebener Emmentaler, 2 EL Olivenöl, etwas Paprika, Salz und Pfeffer

Zubereitung:

Kochen Sie die Nudeln entsprechend der Packungsanweisung in Salzwasser gar.

Schneiden Sie die geputzten Möhren, Zucchini, Champignons und die entkernte Paprikaschote in mundgerechte Stücke und die Zwiebel in Ringe.

Schwitzen Sie die Zwiebelringe in dem erhitzten Olivenöl an, geben Sie das vorbereitete Gemüse hinzu. Gießen Sie die Gemüsebrühe auf.

Heben Sie die gar gekochten und gut abgetropften Nudeln mit den Gewürzen unter.

Verteilen Sie die Nudel-Gemüsemasse in einer eingefetteten Auflaufform. Streuen Sie den Emmentaler darüber.

Backen Sie den Auflauf im vorgeheizten Backofen bei 180 °C so lange, bis der Käse zerlaufen ist.

Reis Auberginen

Zutaten für 4 Portionen:

100 g Reis, 4 Auberginen, 3 Knoblauchzehen, 2 Zwiebeln, 200 ml Kokosmilch (ohne Konservierungsstoffe), 200 ml Naturjoghurt, etwas Olivenöl, Ingwer, Kardamom, Kümmel, Senf, Garam Masala, Curcumapulver

Zubereitung:

Kochen Sie den Reis entsprechend der Packungsbeschreibung in Salzwasser gar.

Hacken Sie die Zwiebeln, den Knoblauch und Ingwer fein. Dünsten Sie dies in erhitztem Olivenöl kurz an.

Schneiden Sie die geputzten Auberginen in mundgerechte Stücke, und dünsten Sie diese ca. 20 Minuten mit den Gewürzen. Geben Sie gegebenenfalls etwas Waser hinzu. Löschen Sie mit Kokosmilch ab, und lassen Sie 10 Minuten auf niedriger Stufe köcheln.

Nehmen Sie den Topf von der Herdplatte, und heben Sie den Joghurt unter.

Servieren Sie die Auberginen mit dem gar gekochten Reis.

Spinat-Champignon-Spargelpfanne

Zutaten für 4 Portionen:

500 g frischer Spargel, 500 g frischer Spinat, 500 g Champignons, 2 Knoblauchzehen, Zitronensaft, Salz und Pfeffer

Zubereitung:

Putzen Sie das Gemüse, und schneiden Sie die Champignons und den Spinat in Streifen und den geschälten Spargel in fingerlange Stücke.

Hacken Sie den Knoblauch fein.

Schwitzen Sie alles zusammen in einer beschichteten Pfanne an, und schmecken Sie mit Salz, Pfeffer und einem Spritzer Zitronensaft ab.

Tipp:

Schmeckt gut allein oder auch zusammen mit Nudeln.

Spiralnudeln mit Kürbis

Zutaten für 2 Portionen:

200 g Spiralnudeln, 200 g Kürbis, ½ Zwiebel, 3 Knoblauchzehen, 3 EL Olivenöl, 1 EL Senf, etwas Schnittlauch, Muskat, Salz und Pfeffer

Zubereitung:

Kochen Sie die Nudeln in Salzwasser gar. Schneiden Sie den geschälten Kürbis in fingerlange Stifte und die Zwiebel und Knoblauchzehen in Würfel.

Schwitzen Sie in einer mit Olivenöl erhitzten Pfanne die Zwiebel- und Knoblauchzehen an. Rühren Sie den Senf und die Gewürze unter.

Geben Sie den Kürbis ca. 5 Minuten vor Ende des Kochens zu den Nudeln. Gießen Sie das Wasser ab, schwenken Sie die Nudel-Mischung in der Ölmischung.

Garnieren Sie die angerichteten Nudeln mit dem Schnittlauch.

Kartoffelpfanne

Zutaten für 4 Portionen:

1 Stange Lauch, 3-4 Paprikaschoten, 10 Pellkartoffeln, 300 g Blattspinat (TK), 500 g Kichererbsen, 400 ml Sahne, etwas Olivenöl, Salz, Pfeffer, Garam Masala

Zubereitung:

Schneiden Sie den geputzten Lauch und die entkernten Paprikaschoten in kleine Stücke. Dünsten Sie den Lauch in dem erhitzten Olivenöl an. Geben Sie den Paprika und die in Stücke geschnittenen Kartoffeln etwas später hinzu.

Rühren Sie den Tiefkühlspinat und die Kichererbsen unter, gießen Sie mit Wasser (auch dem Dosen- oder Kochwasser der Kichererbsen) auf. Schmecken Sie mit den Gewürzen ab.

Lassen Sie einige Minuten auf niedriger Stufe köcheln. Nehmen Sie den Topf von der Herdplatte, rühren Sie die Sahne unter, und schmecken Sie nochmals mit den Gewürzen ab.

Hinweis:

Getrocknete Kichererbsen werden über Nacht eingeweicht, das Einweichwasser wird weggekippt. 100 g getrocknete Kichererbsen ergeben in etwa 220-250 g. Sie bleiben bissfester und schmecken besser als Kichererbsen aus der Dose (hier das Abtropfgewicht beachten). Diese sind sehr weich.

Auflauf mit Süßkartoffeln und Fenchel

Zutaten für 4 Portionen:

400 g Süßkartoffeln, 500 g normale Kartoffeln, 1 große Fenchelknolle mit Grün, 300 g Fetakäse, Wasser, etwas Olivenöl, Salz und Pfeffer

Zubereitung:

Schneiden Sie Kartoffeln in grobe Stücke. Die Süßkartoffelstücke sollten aufgrund der kürzeren Garzeit doppelt so groß geschnitten werden wie die normalen Kartoffeln.

Fenchel waschen, putzen (das Fenchelgrün aufbewahren) und in ca. 1 cm breite Streifen schneiden. Das Fenchelgrün hacken.

Vermengen Sie die Kartoffeln mit dem Fenchel und etwas Olivenöl. Würzen Sie mit etwas Salz und Pfeffer, und geben Sie alles in eine Auflaufform. Füllen Sie mit etwas Wasser auf, und bedecken Sie die Auflaufform mit einer Alufolie.

Backen Sie den Auflauf ca. 45 Minuten im vorgeheizten Backofen bei 180 °C. Streuen Sie den zerbröselten Fetakäse darüber, und backen Sie den abgedeckten Auflauf weitere ca. 10 Minuten.

Bärlauch-Kartoffel-Gratin

Zutaten:

500 g fest kochende Kartoffeln, 300 g Zucchini, 100 g Bärlauch, 1 Zwiebel, 200 ml Schmand, etwas Olivenöl, Salz und Pfeffer

Zubereitung:

Schneiden Sie die geschälten Kartoffeln und Zucchini in Scheiben, den geputzten Bärlauch in Streifen und die Zwiebel in Ringe.

Füllen Sie das vorbereitete Gemüse schichtweise in eine mit Olivenöl eingefettete Auflaufform. Würzen Sie jede Schicht mit etwas Salz und Pfeffer.

Verteilen Sie den Schmand über der letzten Gemüseschicht.

Garen Sie den Auflauf ca. 40 Minuten im vorgeheizten Backofen bei 180 °C.

Rosmarinkartoffeln mit Pilzsoße

Zutaten für 4 Portionen:

1 kg kleine Kartoffeln, 500 g gemischte Pilze, 3 Zwiebeln, Olivenöl, etwas Rosmarin, Thymian, Salz und Pfeffer

Zubereitung:

Schneiden Sie die gewaschenen Kartoffeln längsseitig in Hälften. Geben Sie diese in eine Schüssel, träufeln Sie etwas Olivenöl darüber.

Streuen Sie die Gewürze darüber, und rühren Sie gut durch.

Backen Sie die Kartoffeln auf einem mit Backpapier ausgelegten Blech im vorgeheizten Backofen bei 180 °C gar. Streuen Sie kurz vor Ende der Backzeit nochmals Rosmarin über die Kartoffeln.

Schneiden Sie die Zwiebeln in Würfel, und dünsten Sie diese in etwas Olivenöl an. Geben Sie die geputzten und in grobe Stücke geschnittenen Pilze hinzu, gießen Sie mit etwas Wasser auf, und schmecken Sie mit Salz, Pfeffer und Thymian ab. Lassen Sie etwas köcheln.

Heben Sie die gar gekochten Kartoffeln unter.

Tipp:

Eine besondere Geschmacksnote bekommt die Pilzmischung, wenn Sie frische Tomaten zusammen mit den Pilzen dünsten.

Buntes Blumenkohlcurry

Zutaten:

½ Blumenkohl, 2 Tomaten, 1 grüne Paprikaschote, 120 ml Gemüsebrühe (hefefrei), 2 kleine Zwiebeln, 2 Knoblauchzehen, 1 TL Brottrunk, ½ TL Curcumapulver, etwas Butter, Salz und Pfeffer

Zubereitung:

Dünsten Sie die in Würfel geschnittenen Zwiebeln und Knoblauchzehen in der zerlassenen Butter an. Geben Sie die Blumenkohlröschen, die Gemüsebrühe und das Curcumapulver hinzu. Lassen Sie ca. 10 Minuten auf kleiner Stufe köcheln.

Rühren Sie die in grobe Stücke geschnittenen Tomaten und die entkernte Paprikaschote unter. Lassen Sie einige weitere Minuten köcheln, bis das Gemüse gar ist. Schmecken Sie mit dem Brottrunk, Salz und Pfeffer ab.

Zucchini-Kürbis-Pfanne mit Süßkartoffeln

Zutaten für 4 Portionen:

600 g Süßkartoffeln, 500 g Zucchini, 5 Tomaten, 250 g Kürbis, 2 rote Zwiebeln, 1 Handvoll Petersilie, Wasser, 1 TL Gemüsebrühepulver, etwas Paprika, Curcumapulver, Olivenöl, Salz und Pfeffer

Zubereitung:

Schneiden Sie die geschälten Süßkartoffeln, Zucchini, Tomaten und den Kürbis in mundgerechte Stücke und die Zwiebeln in kleine Würfel. Dünsten Sie die Zwiebelwürfel in dem erhitzten Olivenöl an.

Geben Sie die Süßkartoffeln, Zucchini und den Kürbis hinzu, und schwitzen Sie dies kurz an. Löschen Sie mit etwas Wasser ab, geben Sie die Tomaten hinzu. Lassen Sie kurz weiterköcheln, bis das Gemüse die gewünschte Konsistenz erreicht hat. Schmecken Sie mit den Gewürzen ab, rühren Sie die fein gehackte Petersilie unter.

Kichererbsen mit Spinat

Zutaten für 4 Personen:

2 Gemüsezwiebeln, 500 g Kichererbsen, 500 g Blattspinat (TK), 10 Cocktailtomaten, 150 g Frischkäse, etwas Kreuzkümmel, Olivenöl, Curcumapulver, Salz und Pfeffer

Zubereitung:

Dünsten Sie die fein gehackten Zwiebeln in einer mit Olivenöl erhitzten Pfanne kurz an. Geben Sie das Curcumapulver, die Kichererbsen, den Spinat, die halbierten Cocktailtomaten, den Frischkäse und etwas Wasser hinzu, und verrühren Sie alles.

Lassen Sie einige Minuten köcheln, und schmecken Sie mit den Gewürzen ab.

Schmeckt gut zu Pasta oder Reis.

Hinweis für die Kichererbsen:

Getrocknete Kichererbsen werden über Nacht eingeweicht, das Einweichwasser wird weggekippt. Dann werden sie in leicht gesalzenem Wasser so lange gekocht, bis die gewünschte Konsistenz erreicht ist. 100 g getrocknete Kichererbsen ergeben in etwa 220-250 g. Sie bleiben bissfester und schmecken besser als Kichererbsen aus der Dose (hier das Abtropfgewicht beachten). Diese sind sehr weich.

Polenta mit Tomaten und Vanille

Zutaten für 4 Portionen:

160 g Maisgrieß, 150 g Tomaten, 0,5 Liter Wasser, je 20 g Butter und Parmesan, 2 Vanilleschoten, Kerbel, frisch, Basilikum, frisch, Salz und Pfeffer

Zubereitung:

Schneiden Sie die Tomaten in feine Würfel. Hacken Sie die gewaschenen Kräuter fein.

Kochen Sie das ausgeschabte Mark aus den Vanilleschoten mit dem Wasser und der Butter vorsichtig auf. Nehmen Sie den Topf von der Herdplatte, rühren Sie den Maisgrieß und den geriebenen Parmesan ein.

Die Masse nun auf kleiner Flamme köcheln lassen, dabei permanent rühren, bis die gewünschte Konsistenz erreicht ist. Geben Sie die Tomaten und Kräuter hinzu, und schmecken Sie mit den Gewürzen ab.

Rote Bete-Kartoffelauflauf

Zutaten:

300 g Kartoffeln, 4 Knollen Rote Bete, 2 Zwiebeln, 100 ml Sahne, 100 g geriebener Emmentaler, 2 Eier, etwas Butter, Olivenöl, Salz und Pfeffer

Zubereitung:

Schneiden Sie das geschälte Gemüse. Verquirlen Sie die Sahne mit den Eiern, Salz und Pfeffer.

Legen Sie die ‚Gemüsescheiben abwechselnd in Schichten in eine mit Olivenöl eingefettete Auflaufform. Verteilen Sie die Sahnesoße darüber, anschließend den geriebenen Emmentaler und einige Butterflöckchen.

Backen Sie den Auflauf ca. 60 Minuten im vorgeheizten Backofen bei 190 °C.

Kartoffel-Zucchini-Auflauf

Zutaten:

120 g Pellkartoffeln vom Vortag, 1 Zucchini, 2 Zwiebeln, 100 g geriebener Emmentaler, 2 Knoblauchzehen, etwas Schnittlauch, Wasser, Olivenöl, Salz und Pfeffer

Zubereitung:

Schneiden Sie die Kartoffeln, Zucchini, Zwiebeln und Knoblauchzehen in dünne Scheiben.

Dünsten Sie die Zucchini- und Zwiebelscheiben ca. 5 Minuten in etwas Wasser an.

Geben Sie das vorbereitete Gemüse abwechselnd schichtweise in eine mit Olivenöl eingefettete Auflaufform. Beträufeln Sie jede Schicht mit etwas Olivenöl, und würzen Sie mit Salz und Pfeffer. Abschließend streuen Sie den Emmentaler über den Auflauf.

Backen Sie den Auflauf ca. 20 Minuten im vorgeheizten Backofen bei 190 °C. Garnieren Sie vor dem Servieren mit dem klein geschnittenen Schnittlauch.

Süßkartoffelauflauf

Zutaten für 4 Personen:

500 g Süßkartoffeln, 250 g Quinoa, 150 g gekochter Mais, 150 g gekochte Kichererbsen, 1 Bund Frühlingszwiebeln, 100 ml Sahne, 200 g geriebener Edamer, 100 g Pinienkerne, 1 Stück Ingwer, etwas Olivenöl, Garam Masala und Salz

Zubereitung:

Zerdrücken Sie die geschälten und gedämpften Süßkartoffeln grob.

Spülen Sie die Quinoakörner gründlich unter fließendem Wasser aus. In leicht gesalzenem Wasser 15 Minuten lang kochen und dann gut abtropfen lassen. Beiseite stellen.

Hacken Sie die geputzten Frühlingszwiebeln fein. Mischen Sie diese mit dem fein geriebenen Ingwer, den Süßkartoffeln, Kichererbsen, dem Quinoa, Mais und den Gewürzen.

Füllen Sie die Masse in eine mit Olivenöl eingefettete Auflaufform, und backen Sie etwa 20 Minuten im vorgeheizten Backofen bei 180 °C.

Verteilen Sie dann den geriebenen Käse, die Pinienkerne und die Sahne darüber. Backen Sie weiter, bis der Käse verlaufen und goldbraun ist.

Hinweis:

Getrocknete Kichererbsen werden über Nacht eingeweicht, das Einweichwasser wird weggekippt. Dann werden sie in leicht gesalzenem Wasser so lange gekocht, bis die gewünschte Konsistenz erreicht ist.

100 g getrocknete Kichererbsen ergeben in etwa 220-250 g. Sie bleiben bissfester und schmecken besser als Kichererbsen aus der Dose (hier das Abtropfgewicht beachten). Diese sind sehr weich.

Brokkoli-Blumenkohl-Nudelauflauf

Zutaten:

500 g Brokkoli, 200 g Blumenkohl, 300 g Spiralnudeln (Vollkorn), 1 Zwiebel, 200 ml Sahne, 100 g geriebener Emmentaler, etwas Olivenöl, Salz und Pfeffer

Zubereitung:

Kochen Sie die Nudeln entsprechend der Packungsbeschreibung in Salzwasser gar.

Schneiden Sie den Blumenkohl und Brokkoli in mundgerechte Röschen. Waschen Sie diese ab, und kochen Sie sie in Salzwasser bissfest.

Schwitzen Sie die in Würfel geschnittene Zwiebel in etwas erhitztem Olivenöl an. Gießen Sie die Sahne und etwas vom aufgefangenen Gemüsewasser hinzu. Heben Sie die abgegossenen Nudeln unter, schmecken Sie mit den Gewürzen ab.

Füllen Sie die Nudel-Gemüsemischung in eine eingefettete Auflaufform, und verteilen Sie den Emmentaler darüber.

Backen Sie den Auflauf im vorgeheizten Backofen bei 190 °C, bis der Käse geschmolzen ist.

Kürbis-Champignon-Gemüse

Zutaten:

200 g Kürbis, 1 Zucchini, 100 g Brokkoli, 2 Stängel Petersilie, 150 ml Gemüsebrühe (hefefrei), 150 g frische Champignons, 1 TL Moringapulver, 1 EL Crème fraîche, etwas Olivenöl, Salz und Pfeffer

Zubereitung:

Schneiden Sie die geputzten Champignons und die längsseitig halbierte Zucchini in Scheiben, den Brokkoli in Röschen und den Kürbis in Würfel.

Schwitzen Sie das vorbereitete Gemüse in einer mit Olivenöl erhitzten Pfanne an.

Gießen Sie die Gemüsebrühe hinzu, lassen Sie ca. 15 Minuten köcheln, bis das Gemüse bissfest ist.

Rühren Sie Crème fraîche, Moringapulver und die fein gehackte Petersilie unter. Schmecken Sie mit Salz und Pfeffer ab.

Quinoa-Zucchini-Auflauf

Zutaten für 4 Portionen:

400 g Quinoa, 600 g Zucchini, 4 Eier, 100 g Sonnenblumenkerne, 500 ml Joghurt, etwas geriebener Käse, Curcumapulver, Muskat, Salz und Pfeffer

Zubereitung:

Spülen Sie die Quinoakörner gründlich unter fließendem Wasser aus. In leicht gesalzenem Wasser 15 Minuten lang kochen und dann gut abtropfen lassen. Beiseite stellen.

Rösten Sie die Sonnenblumenkerne in einer fettfreien Pfanne an, bis sie leicht gebräunt sind. Lassen Sie sie etwas abkühlen, bevor Sie sie mit Joghurt und den Eiern verrühren.

Raspeln Sie 400 g Zucchini, und heben Sie dies unter die Joghurtmasse. Schmecken Sie mit den Gewürzen ab, und heben Sie den Quinoa unter.

Schneiden Sie den restlichen Zucchini in Scheiben, und bestreuen Sie diese mit Salz. Tupfen Sie nach ca. 10 Minuten das ausgetretene Wasser ab.

Verteilen Sie die Quinomasse in einer eingefetteten Auflaufform. Belegen Sie mit den Zucchinischeiben und dem Käse.

Backen Sie den Auflauf ca. 25 Minuten im vorgeheizten Backofen bei 180 °C, bis der Käse goldbraun verlaufen ist.

Gefüllte Paprikaschoten mit Quinoa

Zutaten für 4 Personen:

4 Paprikaschoten, 250 g Quinoa, 1 Gemüsezwiebel, 2 Knoblauchzehen, frische Kräuter (z. B. Koriandergrün), 30 g Butter, 50 g geriebener Käse, etwas Ingwer, Crème fraîche, Salz

Zubereitung:

Halbieren Sie die geputzten Paprikaschoten der Länge nach. Blanchieren Sie die Paprikahälften in leicht gesalzenem Wasser, und lassen Sie sie gut abtropfen.

Spülen Sie die Quinoakörner gründlich unter fließendem Wasser aus. In leicht gesalzenem Wasser 15 Minuten lang kochen und dann gut abtropfen lassen. Beiseite stellen.

Dünsten Sie die fein gehackte Zwiebel in etwas zerlassener Butter an. Nehmen Sie den Topf von der Herdplatte, und rühren Sie den klein geschnittenen Ingwer, den gepressten Knoblauch, die gehackten Kräuter und Crème fraîche unter. Mit dem Quinoa vermischen und abschmecken.

Füllen Sie die Quinoamasse in die Paprikahälften, und streuen Sie den geriebenen Käse darüber.

Bei 180 °C ca. 15 Minuten backen, bis der Käse schön goldbraun verlaufen ist.

Quinoa in Mangoldblättern

Zutaten für 4 Personen:

250 g Quinoa, 8 Mangoldblätter mit Stiel, 1 Gemüsezwiebel, 3 Knoblauchzehen, 4 Paprikaschoten, 1 Fenchelknolle, 1 Mozzarellakugel, etwas Olivenöl, Salz, Pfeffer, Muskat und Petersilie

Zubereitung:

Spülen Sie die Quinoakörner gründlich unter fließendem Wasser aus. In leicht gesalzenem Wasser 15 Minuten lang kochen und dann gut abtropfen lassen. Beiseite stellen.

Schneiden Sie das geputzte Gemüse in mundgerechte Stücke. Die Mangoldblätter waschen und kurz (!) blanchieren. Vorsicht, sie werden schnell zu weich.

Schwitzen Sie das in Stücke geschnittene Gemüse in erhitztem Olivenöl an. Nehmen Sie den Topf vom Herd, schmecken Sie mit den Gewürzen ab, und vermengen Sie mit dem Quinoa. Heben Sie nach Belieben in Würfel geschnittenen Mozzarella und fein gehackte Petersilie unter.

Verteilen Sie die Quinoamasse auf den Mangoldblättern, und rollen Sie diese vorsichtig auf.

Backen Sie im vorgeheizten Backofen bei 180 °C so lange, bis die Blätter leicht gebräunt sind.

Risotto mit Artischocken

Zutaten für 4 Personen:

400 g Reis, 400 g Artischockenherzen (Dose), 300 ml Sahne, 1 Gemüsezwiebel, 100 g geriebener Parmesan, 200 ml Wasser, etwas Olivenöl

Zubereitung:

Schwitzen Sie die fein gehackten Zwiebeln in erhitztem Olivenöl an. Geben Sie die gut abgetropften Artischockenblätter hinzu, und dünsten Sie diese kurz mit. Löschen Sie mit etwas Wasser ab.

Rühren Sie den Reis unter, und gießen Sie mit dem restlichen Wasser, der Sahne und dem Artischockensaft aus der Dose auf. Lassen Sie auf kleiner Stufe köcheln. Rühren Sie regelmäßig um, damit der Reis nicht anbrennt.

Nehmen Sie den Topf von der Herdplatte, sobald der Reis die gewünschte Konsistenz erreicht hat. Servieren Sie mit dem geriebenen Parmesan.

Kartoffel-Artischocken-Gemüse

Zutaten für 4 Personen:

6 Artischockenherzen, frisch, 1 kg Kartoffeln, 2 Gemüsezwiebeln, 2 Knoblauchzehen, Zitronen, Petersilie, Salz, Pfeffer

Zubereitung:

Schneiden Sie die geputzten Artischockenherzen in Viertel, und reiben Sie sie sofort mit Zitronensaft ein, um ein Verfärben zu verhindern.

Schneiden Sie die geschälten Kartoffeln in mundgerechte Stücke. Hacken Sie die Zwiebeln und den Knoblauch fein.

Schwitzen Sie die Zwiebeln und den Knoblauch in etwas erhitztem Öl an. Dann die Kartoffeln und die Artischockenherzen dazugeben und für ca. 2-3 Minuten dünsten. dann die Gewürze und ca. 50 ml Wasser hinzugeben und gut durchrühren.

Dann auf kleiner Flamme ca. 45 Minuten köcheln lassen (Deckel benutzen). Ggf. noch Wasser zugeben, wenn das Gemüse zu stark einkocht. Sobald die Kartoffeln und die Artischocken weich sind, abschmecken und servieren.

Kichererbsencurry

Zutaten für 4 Portionen:

500 g Mangold, 300 g Kichererbsen, 1 Zwiebel, 600 g Tomaten, 1 Salzzitrone oder 1 unbehandelte Zitrone (Saft und Schale), 3 Knoblauchzehen, etwas Olivenöl, Korianderkörner (frisch gemörsert), Kreuzkümmel, Tomatenmark, Curcumapulver, Salz und Pfeffer

Zubereitung:

Schneiden Sie die Zwiebel und den Knoblauch in kleine Würfel, und schwitzen Sie diese zusammen mit dem Kreuzkümmel und Koriander kurz in Olivenöl an. Geben Sie das Tomatenmark hinzu, und dünsten Sie weitere 1 bis 2 Minuten.

Rühren Sie die Kichererbsen und die in Stücke geschnittenen Tomaten unter, und füllen Sie mit ca. 320 ml Wasser auf. Nach Belieben geben Sie die gewürfelte Salzzitrone hinzu. Schmecken Sie ab, und lassen Sie ca. 15 Minuten köcheln. Lassen Sie nicht zu sehr eindicken, und füllen Sie gegebenenfalls noch etwas Wasser auf.

Schneiden Sie den gewaschenen Mangold in Streifen. Geben Sie diese in den Topf, und köcheln Sie weitere ca. 10 Minuten.

Falls keine Salzzitrone verwendet wurde, jetzt Zitronensaft und die Zitronenschale dazu geben und nochmal abschmecken.

Das Kichererbsencurry schmeckt gut zu Reis.

Hinweis für Kichererbsen:

Getrocknete Kichererbsen werden über Nacht eingeweicht, das Einweichwasser wird weggekippt. Dann werden sie in leicht gesalzenem Wasser so lange gekocht, bis die gewünschte Konsistenz erreicht ist. 100 g getrocknete Kichererbsen ergeben in etwa 220-250 g. Sie bleiben bissfester und schmecken besser als Kichererbsen aus der Dose (hier das Abtropfgewicht beachten). Diese sind sehr weich.

Achtung:

Kreuzkümmel kann nicht durch „normalen“ Kümmel ersetzt werden, da er ein sehr eigenes Aroma hat.

Würzige Kartoffel-Zucchini-Pfanne mit Mangold

Zutaten für 4 Portionen:

4 Zucchini, 10 Kartoffeln, 2 Mangold, 10 Tomaten, 4-5 TL Kümmel, 4 TL Senfsamen, 1-2 TL Kardamom, 5 TL Fenchelsamen, 15 Körner Piment, 1 Stück Ingwer, 3 Knoblauchzehen, Thymian, Kokosmilch, Salz, Pfeffer

Achtung:

Das Rezept geht von den ganzen Gewürzen aus, die dann in Folge gestoßen werden. Sollten nur gemahlene Gewürze vorliegen, die Mengen unbedingt auf 25 % der angegebenen Menge reduzieren!

Zubereitung:

Schneiden Sie die geschälten Kartoffeln und die geputzten Zucchini in mundgerechte Stücke.

Putzen Sie den Mangold, und schneiden Sie die Stiele in feine, die Blätter in grobe Streifen.

Hacken Sie den Knoblauch und Ingwer fein.

Die Gewürze außer den Thymian, sofern sie nicht in gemahlener Form vorliegen, zerstoßen Sie zusammen in einem Mörser. Mahlen Sie die Gewürze nicht, sonst wird der Geschmack zu stark.

Dünsten Sie die Kartoffeln in etwas Öl, bis sie fast gar sind, geben Sie dann die Gewürze und die Ingwer-Knoblauchmischung hinzu, und dünsten diese mit.

Geben Sie auf niedriger Stufe die Zucchini und den Mangold hinzu, und gießen Sie mit etwas Wasser und der Kokosmilch auf.

Kochen Sie kurz auf, und schmecken Sie ab.

Zucchini mit Paprika-Quinoafüllung

Zutaten für 4 Portionen:

4 mittelgroße Zucchini, 250 g Quinoa, 2 Knoblauchzehen, je 1grüne und 1 rote Paprikaschote, 2 EL Erbsen (aus der Dose), 4 TL Olivenöl, Parmesankäse

Zubereitung:

Spülen Sie die Quinoakörner gründlich unter fließendem Wasser aus. In leicht gesalzenem Wasser 15 Minuten lang kochen und dann gut abtropfen lassen. Beiseite stellen.

Halbieren Sie die gewaschenen Zucchini längsseitig, löffeln Sie die Kerne aus, und legen Sie die Zucchini mit der Schnittfläche nach oben in eine eingefettete Auflaufform.

Vermischen Sie den gar gekochten Quinoabrei mit den in kleine Würfel geschnittenen Paprikaschoten, dem gepressten Knoblauch, den Erbsen, 3 TL Olivenöl und etwas Parmesankäse.

Füllen Sie die Quinoamasse in die Zucchinihälften, verteilen Sie das restliche Olivenöl und den verbliebenen Parmesankäse darüber.

Backen Sie die mit Alufolie abgedeckte Auflaufform ca. 20 Minuten im vorgeheizten Backofen bei 180 °C. Entfernen Sie die Alufolie, und backen Sie weitere ca. 10 Minuten, bis der Käse geschmolzen ist.

Okra-Kokos-Curry

Zutaten für 4 Portionen:

600 g Okraschoten, 1 kg Tomaten, 500 ml Kokosmilch (ohne Konservierungsstoffe), 2 Zwiebeln, 2 Knoblauchzehen, etwas Öl, Currypulver (mild), Zitronensaft, Salz

Zubereitung:

Hacken Sie die Zwiebeln und Knoblauchzehen fein, und dünsten Sie dies in etwas erhitztem Öl an. Geben Sie das Currypulver für 2 Minuten hinzu. Dünsten Sie dann die geputzten Okraschoten einige Minuten mit, anschließend die in Stücke geschnittenen Tomaten und die Kokosmilch unterrühren. Lassen Sie alles köcheln, bis die Okraschoten weich sind. Schmecken Sie mit dem Salz, Zitronensaft und Curry ab.

Kichererbsencurry mit Mangold und Salzzitronen

Zutaten für 4 Portionen:

400 g Kichererbsen (getrocknet), 1 kg Tomaten, 750 g Mangold, 1 Salzzitrone, 2 Zwiebeln, 3 Knoblauchzehen, 2 TL Koriander (gemahlen), 2 TL Kreuzkümmel (gemahlen), etwas Tomatenmark, Salz, Pfeffer, Olivenöl, gehackte Petersilie

Zubereitung:

Schütten Sie das Wasser der über Nacht eingeweichten Kichererbsen weg, und kochen Sie mit etwas Wasser weich. Hacken Sie die Zwiebeln und den Knoblauch fein, und dünsten Sie dies mit dem Koriander und Kreuzkümmel in dem erhitzten Öl an. Dünsten Sie das Tomatenmark kurz mit, dann löschen Sie mit wenig Wasser ab. Geben Sie die Kichererbsen und die Tomaten hinzu, lassen Sie 20 Minuten köcheln. Geben Sie ggf. etwas mehr Wasser hinzu.

Rühren Sie den in feine Streifen geschnittenen Mangold unter, köcheln Sie weitere ca. 15 Minuten. Geben Sie die fein gehackte Salzzitrone hinzu. Garnieren Sie mit der Petersilie.

Hauptgerichte mit Fisch und Geflügel

Kabeljau im Lauch

Zutaten:

500 g Kabeljau, 2 Lauchstangen, 300 ml Gemüsebrühe (hefefrei), 2 Knoblauchzehen, 3 EL Olivenöl, 3 EL Crème fraîche, etwas Curcumapulver, Zitronensaft, Muskat, Salz und Pfeffer

Zubereitung:

Schneiden Sie den gewaschenen und mit einem Küchenpapier abgetupften Kabeljau in mundgerechte Stücke. Beträufeln Sie diese mit etwas Zitronensaft.

Schneiden Sie den geputzten Lauch in Ringe, und dünsten Sie diese in einer mit Olivenöl erhitzten Pfanne an. Geben Sie die Kabeljaustücke hinzu, gießen Sie die Gemüsebrühe auf, und lassen Sie 10 Minuten auf kleiner Stufe köcheln.

Rühren Sie Crème fraîche und die Gewürze unter. Lassen Sie weitere 5 Minuten köcheln.

Gemüse im Hähnchen

Zutaten:

2 Hähnchenbrustfilets, 1 Pastinake, 1 Möhre, 1 grüne Paprikaschote, 2 Knoblauchzehen, 1 TL Gemüsebrühepulver, ½ TL Curcumapulver, ½ TL Kräutersalz, etwas Wasser, Pfeffer, Paprika, Zahnstocher

Zubereitung:

Raspeln Sie die geputzte Möhre und Pastinake fein. Schneiden Sie die entkernte Paprika und die Knoblauchzehen in kleine Würfel. Vermischen Sie das Gemüse mit den Gewürzen.

Schneiden Sie längsseitige Taschen in die Hähnchenbrustfilets. Befüllen Sie diese mit der Gemüsemischung, und verschließen Sie mit den Zahnstochern.

Legen Sie die Filets in eine Pfanne, streuen Sie das Gemüsebrühepulver darüber, gießen Sie so viel Wasser auf, dass die Filets ca. bis zur Hälfte bedeckt sind.

Kochen Sie kurz auf, reduzieren Sie dann die Hitze, und lassen Sie 40 Minuten köcheln. Gegebenenfalls noch etwas Wasser hinzugeben.

Entfernen Sie vor dem Servieren die Zahnstocher.

Geschlauchter Hähnchenschenkel

Zutaten für 2 Portionen:

2 Hähnchenschenkel, 6 Kartoffeln, 2 Zwiebeln, 4 Knoblauchzehen, etwas Curcumapulver, Paprika, Salz und Pfeffer

Zubereitung:

Würzen Sie die gewaschenen und mit einem Küchenpapier abgetupften Hähnchenschenkel reichlich mit Curcumapulver, Paprika, Salz und Pfeffer.

Schneiden Sie die geschälten Kartoffeln, Zwiebeln und Knoblauchzehen in Würfel, und geben Sie diese zusammen mit den Hähnchenschenkeln und etwas Wasser in einen Bratschlauch.

Verschließen Sie den Bratschlauch fest, und stechen Sie mit einer feinen Nadel ca. 10 kleine Löcher in den Bratschlauch, damit er im Backofen nicht platzt. Geben Sie ihn ca. 50 Minuten bei 180 °C in den vorgeheizten Backofen.

Lachs auf Gemüse

Zutaten für 2 Portionen:

2 Lachsfilets, 4 Pellkartoffeln vom Vortag, 1 Möhre, 1 Lauchstange, 1 Zwiebel, 2 Knoblauchzehen, 200 ml Gemüsebrühe, (hefefrei), 1 TL Curcumapulver, Saft von ½ Zitrone, etwas Olivenöl, Senf, Salz und Pfeffer

Zubereitung:

Reiben Sie die gewaschenen und mit einem Küchenpapier abgetupften Lachsfilets mit dem Senf, Salz und Pfeffer ein. Träufeln Sie den Zitronensaft darüber.

Schneiden Sei die gepellten Kartoffeln und die Möhre in grobe Stücke, die Zwiebel und Knoblauchzehen in Würfel und den geputzten Lauch in Ringe. Verteilen Sie dies schichtweise in einer mit Olivenöl eingefetteten Auflaufform. Würzen Sie nach jeder Schicht mit Salz und Pfeffer.

Legen Sie die Lachsfilets auf das Gemüse, gießen Sie einen Teil der Gemüsebrühe darüber. Zwischendurch nach Bedarf weitere Gemüsebrühe hinzugießen.

Stellen Sie die Auflaufform ca. 35 Minuten in den vorgeheizten Backofen bei 190 °C.

Marinierte Makrelen

Zutaten für 2 Portionen:

2 Makrelen, 2 Zwiebeln, 3 Knoblauchzehen, 4 Lorbeerblätter, 150 ml Gemüsebrühe (hefefrei), Olivenöl, je 1 EL Dill, Kerbel, Estragon, etwas Zitronensaft, Pfeffer und Salz

Zubereitung:

Tupfen Sie die gewaschenen Makrelen mit Küchenpapier ab. Legen Sie sie in eine mit Olivenöl eingefettete Auflaufform, träufeln Sie den Zitronensaft darüber, anschließend die Gemüsebrühe.

Geben Sie die in Würfel geschnittenen Zwiebeln und Knoblauchzehen mit den fein gehackten Kräutern hinzu. Lassen Sie die Makrelen eine halbe Stunde bei gelegentlichem Wenden durchziehen.

Decken Sie die Auflaufform mit Alufolie ab, und garen Sie die Makrelen etwa 30 Minuten im vorgeheizten Backofen bei 190 °C.

Tipp:

Die Makrelen schmecken sehr gut zu einer Gemüsebeilage oder Pellkartoffeln.

Gemüse-Mix auf Makrele

Zutaten für 4 Portionen:

4 Makrelen, 6 Tomaten, 3 Möhren, 1 Stange Lauch, 10 Champignons, 3 Zwiebeln, 4 Knoblauchzehen, etwas Olivenöl, Salz und Pfeffer

Zubereitung:

Schneiden Sie die Tomaten, Möhren, Champignons, Zwiebeln und Knoblauchzehen in grobe Stücke und den geputzten Lauch in Ringe.

Würzen Sie die gewaschenen und mit Küchenpapier getrockneten Makrelen mit Salz und Pfeffer.

Legen Sie die Makrelen in eine mit Olivenöl eingefettete Auflaufform, und verteilen Sie das vorbereitete Gemüse gleichmäßig darüber. Anschließend mit Olivenöl beträufeln.

Backen Sie die Makrelen ca. 30 Minuten im vorgeheizten Backofen bei 180 °C.

Kabeljau-Gemüse im Backofen

Zutaten für 2 Portionen:

2 Kabeljaufilets, 3 Kartoffeln, 2 Tomaten, 1 Stange Lauch, 2 Möhren, 1 Zwiebel, etwas Olivenöl, Zitronensaft, Salz und Pfeffer, Alufolie

Zubereitung:

Schneiden Sie die geschälten Kartoffeln, Tomaten und Möhren in mundgerechte Stücke, den geputzten Lauch und die Zwiebel in Ringe.

Würzen Sie den gewaschenen und mit Küchenpapier abgetupften Kabeljau mit Salz, Pfeffer und Zitronensaft.

Bestreichen Sie die Innenseite der Alufolie mit Olivenöl, legen Sie das Gemüse und anschließend die Kabeljaufilets darauf. Beträufeln Sie mit etwas Olivenöl, und verschließen Sie die Alufolie fest.

Geben Sie das Päckchen ca. 30 Minuten in den auf 180 °C vorgeheizten Backofen.

Makrelen im Bratschlauch

Zutaten für 2 Portionen:

2 Makrelen, 2 Möhren, 1 Zucchini, 2 Zwiebeln, 3 Lorbeerblätter, 200 ml Gemüsebrühe (hefefrei), ½ Bund Petersilie, etwas Zitronensaft, Senf, Salz und Pfeffer

Zubereitung:

Reiben Sie die gewaschenen und mit einem Küchenpapier abgetupften Makrelen mit dem Senf, Salz und Pfeffer ein. Träufeln Sie den Zitronensaft darüber.

Schneiden Sie die Möhren, Zucchini und Zwiebeln in grobe Stücke. Geben Sie diese zusammen mit den Makrelen, den Lorbeerblättern und der fein gehackten Petersilie in den Bratschlauch.

Gießen Sie die Gemüsebrühe hinzu, und verschließen Sie den Bratschlauch fest. Stechen Sie mit einer feinen Nadel ca. 10 kleine Löcher in den Schlauch, damit dieser im Backofen nicht platzt.

Garen Sie die Makrelen ca. 30 Minuten im vorgeheizten Backofen bei 180 °C.

Hähnchenschenkel mit buntem Gemüse

Zutaten für 4 Portionen:

4 Hähnchenschenkel, 1 kleine Lauchstange, 1 gelbe Paprika, 10 Cocktailtomaten, 1 Zwiebel, etwas Petersilie, Brathähnchensalz, Wasser, Olivenöl, Salz und Pfeffer, Alufolie

Zubereitung:

Schneiden Sie die geputzte Lauchstange in Ringe, die Tomaten in grobe Stücke und die Zwiebel in feine Würfel.

Würzen Sie die gewaschenen und mit Küchenpapier abgetupften Hähnchenschenkel mit Brathähnchensalz.

Legen Sie das vorbereitete Gemüse mit den Hähnchenschenkeln in eine eingefettete Auflaufform.

Würzen Sie mit Salz und Pfeffer und beträufeln Sie mit Olivenöl. Geben Sie etwas Wasser hinzu.

Stellen Sie die mit einer Alufolie abgedeckte Auflaufform ca. 60 Minuten in den mit 190 °C. vorgeheizten Backofen. Geben Sie bei Bedarf zwischendurch noch weiteres Wasser hinzu.

Garnieren Sie vor dem Servieren mit der Petersilie.

Als Beilage schmeckt Reis.

Fenchel auf Seelachs

Zutaten für 2 Portionen:

600 g Seelachs, 2 Fenchelknollen, 2 Zwiebeln, Saft von ½ Zitrone, 4 Knoblauchzehen, 4 Lorbeerblätter, etwas Olivenöl, Butter, Salz und Pfeffer

Zubereitung:

Schneiden Sie den geputzten Fenchel in dünne Scheiben, und blanchieren Sie diese 3 – 4 Minuten in Salzwasser.

Schneiden Sie den Seelachs in grobe Stücke, beträufeln Sie diese mit dem Zitronensaft, und würzen Sie mit Salz und Pfeffer.

Geben Sie die Fischstücke zusammen mit den Lorbeerblättern und den fein gehackten Knoblauchzehen und Zwiebeln in eine mit Olivenöl eingefettete Auflaufform. Verteilen Sie die abgetropften Fenchelscheiben und abschließend ein paar Butterflöckchen darüber.

Garen Sie den Fisch ca. 30 Minuten im vorgeheizten Backofen bei 180 °C.

Tipp:

Der Seelachs schmeckt gut zu Salzkartoffeln oder Reis.

Seelachsfilet in Knoblauchöl

Zutaten für 2 Portionen:

500 g Seelachsfilet, 1 Zwiebel, 6 Knoblauchzehen, ½ Bund Basilikum, Saft von 1 Zitrone, etwas Olivenöl, Salz und Pfeffer

Zubereitung:

Beträufeln Sie das gewaschene und mit einem Küchenpapier abgetupften Seelachsfilet mit dem Zitronensaft, und lassen Sie dies ca. 30 Minuten ziehen.

Schneiden Sie die Zwiebel und Knoblauchzehen in Würfel, und hacken Sie das Basilikum fein. Mixen Sie dies mit etwas Olivenöl, Salz und Pfeffer.

Geben Sie den Fisch in eine mit Olivenöl eingefettete Auflaufform. Gießen Sie die Knoblauchölmischung darüber. Der Boden der Auflaufform sollte mit dem Öl gut bedeckt sein.

Garen Sie den Fisch ca. 20 Minuten im vorgeheizten Backofen bei 180 °C. Träufeln Sie gegebenenfalls zwischendurch noch weiteres Olivenöl auf die Fischfilets, damit sie nicht zu trocken werden.

Tipp:

Die Seelachsfilets schmecken gut zu Salzkartoffeln oder Reis.

Rezeptregister

Fermentiertes Gemüse selbst herstellen

Rezepte mit fermentiertem Gemüse

Frühstück

Smoothies

Joghurt-Getränke und Säfte

Salate

Salate

Suppen

Gemüsebeilagen

Gemüsesoßen

Vegetarische Hauptgerichte

Vegetarische Hauptgerichte

Hauptgerichte mit Fisch und Geflügel

Hinweise für den Leser

Alle Angaben in diesem Buch wurden nach bestem Wissen und mit größter Sorgfalt erstellt. Die Angaben und Empfehlungen erfolgen ohne Verpflichtung oder Garantie der Autorin. Sie und der Verlag übernehmen keine Verantwortung und Haftung für Personen-, Sach- und Vermögensschäden aus der Anwendung der hier erteilten Ratschläge, insbesondere auch bezüglich der Mengenangaben und dem Gelingen der jeweiligen. Somit haftet weder die Autorin, noch der Herausgeber, auch nicht für mögliche Fehlerteufel, die sich in das ein oder andere Rezept eingeschlichen haben könnten.

Dieses Buch hat nicht die Absicht und erweckt nicht den Anspruch, eine ärztliche Behandlung zu ersetzen. Ausdrücklich wird empfohlen, eine medizinische Diagnose vom Therapeuten einzuholen und eine entsprechende Therapiebegleitung durchzuführen. Einige der vorgestellten Maßnahmen weichen von der gängigen medizinischen Lehrmeinung ab, und resultieren aus der Erfahrungsheilkunde.

Bildnachweise

Seite 3 © BVDC / fotolia.com
Seite 15 © uckyo / fotolia.com
Seite 16 © Christa Nöhren / pixelio.de
Seite 18 © Christa Nöhren / pixelio.de
Seite 23 © AlcelVision / fotolia.com
Seite 25 © Marek / fotolia.com
Seite 28 © dusk / fotolia.com
Seite 32 © mizina / fotolia.com
Seite 34 © tashka2000 / fotolia.com
Seite 37 © pilipphoto / fotolia.com
Seite 39 © Inga Nielsen / fotolia.com
Seite 40 © A_Lein / fotolia.com
Seite 45 © Gina Sanders / fotolia.com
Seite 47 © juliedeshaies / fotolia.com
Seite 49 © sigrid rossmann / fotolia.com
Seite 53 © Photographee.eu / fotolia.com
Seite 56 © sil007 / fotolia.com
Seite 59 © wildlywise / fotolia.com
Seite 62 © MediablitzImages / fotolia.com

Seite 65 © Dalmatin.o / fotolia.com
Seite 67 © photocrew / fotolia.com
Seite 70 © Barbara Pheby / fotolia.com
Seite 73 © IngridHS / fotolia.com
Seite 74 © PhotoSG / fotolia.com
Seite 76 © Studio Gi / fotolia.com
Seite 79 © sil007 / fotolia.com
Seite 82 © JJAVA / fotolia.com
Seite 84 © natalikaevsti / fotolia.com
Seite 86 © dolphy_tv / fotolia.com
Seite 89 © kuvona / fotolia.com
Seite 92 © Monkey Business / fotolia.com
Seite 96 © Inga Nielsen / fotolia.com
Seite 99 © Oksana Kuzmina / fotolia.com
Seite 101 © Lorenzo Buttitta / fotolia.com
Seite 102 © Sarah Grazioli / pixelio.de
Seite 104 © Kitty / fotolia.com
Seite 106 © Sea Wave / fotolia.com
Seite 108 © giovanniluca / fotolia.com
Seite 111 © stitchik / fotolia.com
Seite 113 © sarsmis / fotolia.com
Seite 116 © MarcoBagnoli Elflaco / fotolia.com
Seite 119 © HLPhoto / fotolia.com
Seite 121 © Zerbor / fotolia.com
Seite 123 © olhaafanasieva / fotolia.com
Seite 127 © supercat67 / fotolia.com
Seite 128 © sonnenflut products / fotolia.com
Seite 129 © Alessio Cola / fotolia.com
Seite 130 © S.E. shooting / fotolia.com
Seite 133 © mylitleye / fotolia.com
Seite 135 © Paul Maurice / fotolia.com
Seite 138 © by-studio / fotolia.com
Seite 141 © creative studio / fotolia.com
Seite 143 © Christian Jung / fotolia.com